Todo sobre el Orgasmo

Todo sobre el Orgasmo

Tara Barker

Grupo Editorial Tomo, S. A. de C. V.
Nicolás San Juan 1043
03100 México, D. F.

1a. edición, febrero 2001.
2a. edición, mayo 2002.
3a. edición, marzo 2004.
4a. edición, julio 2005.
5a. edición, noviembre 2007.

Originalmente publicado en Gran Bretaña en 1997
por Michael O'Mara Books Limited.
9 Lion Yard, Tremadoc Road, Londres SW4 7NQ.

Nicolás San Juan 1043, Col. Del Valle
03100 México, D.F.
Tels. 5575-6615, 5575-8701 y 5575-0186
Fax. 5575-6695
http://www.grupotomo.com.mx
ISBN: 970-666-294-4
Miembro de la Cámara Nacional
de la Industria Editorial No 2961

Traducción: Roberto Mares
Diseño de Portada: Emigdio Guevara
Diseño Tipográfico: Luis Rutiaga
Supervisor de Producción: Leonardo Figueroa

Impreso en México - *Printed in Mexico*

Contenido

Prefacio

¿Estás lista para el máximo placer?
En este libro muchas mujeres revelarán sus secretos íntimos

Los estudiosos de las relaciones humanas están de acuerdo en que existe una relación entre el placer sexual y la sensación de una vida plena y feliz. Por esta razón es muy importante buscar la realización en la cama tanto como la buscamos en el trabajo o en la vida social.

Sin embargo, muchas veces por auto expresión, el estrés o un manejo inadecuado del sexo no encontramos las mejores vías para la excitación. Esa es precisamente la finalidad de este libro, el conducirte hacia la realización última del sexo: Un orgasmo explosivo y profundamente placentero.

Antes de entrar en materia, queremos decir que este es un libro único, puesto que se conforma con la riqueza de la experiencia personal de muchas mujeres jóvenes y no solamente con los análisis de los expertos en sexología.

En cada uno de los capítulos de este libro encontrarás el relato de las vivencias reales de mujeres como tú; ellas compartirán contigo sus experiencias íntimas, como las posiciones que prefieren durante el acto sexual, lo que desean de sus compañeros, sus técnicas masturbatorias y también las fantasías que les facilitan llegar con mayor frecuencia al orgasmo.

Los relatos que aquí se presentan son auténticos y totalmente sinceros, fueron elegidos de entre cientos que han llegado a la editorial de un famoso grupo de publicaciones para mujeres en Inglaterra, en respuesta a una encuesta que se realizó hace un año y que tuvo una gran difusión, sobre todo entre mujeres jóvenes, quienes no dudaron en compartir generosamente sus deseos, sus pensamientos y sus actitudes, con el fin de ayudar a otras mujeres a lograr una mejor vida sexual.

Uno de los resultados más evidentes de esta investigación fue el hecho de que actualmente la sexualidad femenina es mucho más abierta y presenta un amplio rango de expresión, por lo que pudimos concluir que ahora cada mujer es diferente y busca su placer con naturalidad y sin prejuicios.

A diferencia de las mujeres de anteriores generaciones, nosotras sentimos y creemos que tenemos derecho a una vida sexual plenamente satisfactoria, y estamos dispuestas a liberarnos de viejos atavismos y aprender lo que sea necesario para lograr esta finalidad.

Si tú quieres disfrutar ampliamente del sexo y lograr los más deliciosos orgasmos, siéntate cómodamente, relájate y comienza a leer este libro, teniendo siempre en la mente la primera regla del placer: *sé tú misma, siéntete libre… y por encima de todo, recuerda que tú tienes derecho a DISFRUTAR.*

Capítulo 1

La Necesidad es Real

- Las causas biológicas de tu orgasmo
- Existen varios tipos de orgasmo
- Anatomía de un orgasmo: una compleja maquinaria detrás de esa exquisita experiencia

"Mi orgasmo comienza con una pequeña sensación en la vagina, se trata de una pulsación que se va volviendo cada vez más intensa, hasta que llega a convertirse en una serie de contracciones que se van dando con mayor rapidez e invaden todo mi cuerpo, haciéndome sentir una especie de calor y humedad internas. En esos momentos yo no tengo un solo pensamiento en la cabeza, todo mi ser se concentra en el sentir".

Grace

"Cuando llego al orgasmo durante el acto del amor, me siento profundamente conectada con mi pareja, tanto que me dan muchas ganas de seguirlo besando y acariciando aun después de sentirme satisfecha. Cuando tengo un orgasmo por efecto de la estimulación oral o simplemente manual, mis sensaciones son más intensas y urgentes; cuando me llega el orgasmo de esa manera me siento verdaderamente eufórica".

Rachel

❖ ¿Cuál es la finalidad del orgasmo?

El orgasmo es una fuente de felicidad indudable, pero en realidad no existe, o no se ha descubierto, una causa biológica para que justifique la necesidad del orgasmo femenino. El sexo existe en la naturaleza por una razón fundamental: la supervivencia de la especie; el placer sexual es un efecto secundario.

Tal vez pareciera injusto, pero el orgasmo masculino sí es biológicamente necesario, pues en todos los casos el orgasmo se correlaciona con la eyaculación, lo que es precisamente la irrigación necesaria para que se produzca la fecundación.

Durante el orgasmo masculino se producen fuertes contracciones en los músculos que rodean al tracto que conduce el esperma desde los testículos y éste es expulsado con violencia.

Una vez que el pene se encuentra dentro de la vagina, la acción del orgasmo propicia la expulsión del esperma directamente hacia el cérvix, que es la entrada del útero o matriz. Así que el orgasmo masculino se relaciona de una manera muy clara con la perpetuación de la especie.

La sexualidad femenina es más compleja; en primer lugar, nosotras no necesitamos haber experimentado un orgasmo para quedar embarazadas; incluso pareciera que esto no está previsto en la naturaleza, pues el centro de nuestra sensibilidad, que es el clítoris, no se encuentra ubicado de manera que sea excitado automáticamente durante la penetración, lo que pareciera un "error" de ingeniería biológica.

¿Fallas de diseño?

Si el sexo fuera desagradable para las mujeres, por supuesto que nos negaríamos a realizarlo, por lo que nunca quedaríamos embarazadas. El famoso sexólogo Andrew Stanway explica: "La respuesta sexual femenina responde a un diseño conductual que le permite sentir el placer suficiente como para desear la relación, a pesar de las incomodidades del embarazo, los dolores del parto y las molestias generadas por la crianza de los niños".

¿Así que el orgasmo, para nosotras, es solamente un premio que nos compensa las molestias de tener hijos?

Bueno, seguramente algo hay de eso, pero no es todo; si así fuera, el premio sería más fácil de conseguir, precisamente en el curso de la penetración, y entonces el clítoris se encontraría en el interior de la vagina. Seguramente la naturaleza tiene sus buenas razones para que los hombres y las mujeres difícilmente alcancen el orgasmo simultáneamente. Algunos estudiosos consideran que en épocas muy primitivas de la humanidad las mujeres llegaban al orgasmo con la misma facilidad que los hombres, pero que eso fue modificándose con el proceso civilizatorio.

Otros investigadores sostienen que los seres humanos, a diferencia de los otros animales superiores, están diseñados para el sexo "cara a cara", dado que la observación de las expresiones de placer en el otro son un fuerte estímulo para nosotros; además de que el sexo frontal facilita una cierta fricción en el clítoris durante el acto y sobre todo favorece la identificación emocional de ambos, lo que propicia la creación de un vínculo a largo plazo, a fin de que se establezca la pareja y continúe unida durante la crianza de los niños.

¿Así que finalmente hay una relación entre el orgasmo femenino y la función reproductiva de la mujer?... posiblemente. Las contracciones musculares que se producen en la mujer durante el orgasmo hacen que el cérvix se expanda, se propicie un movimiento que facilita la diseminación del flujo masculino e incluso se produce una succión, que abre el camino para la entrada de los espermatozoides hacia las trompas de Falopio, que es donde tiene lugar la fertilización; es claro, entonces, que el placer femenino, y en especial el orgasmo juega un papel en la procreación.

En estudios fisiológicos del orgasmo femenino se ha descubierto que las paredes de la vagina se tensan durante los espasmos del orgasmo y el efecto de esta tensión es proporcionar una superficie lisa para propiciar el deslizamiento del esperma hacia el cérvix; en otras palabras, los tejidos de las paredes vaginales que normalmente se encuentran como un balón desinflado, en el momento del orgasmo se distienden para facilitar la concepción, aunque ésta no está completamente condicionada por esta tensión muscular.

De manera que la fecundación puede producirse aunque no suceda el orgasmo, por lo que este parece un simple accesorio facilitador, pero no indispensable, ya que el orgasmo femenino se produce con independencia de la penetración, lo que hace pensar a los estudiosos que el orgasmo en la mujer puede tener una función meramente psicológica, pues la expectativa del gran placer que produce mantiene a la mujer siempre dispuesta al sexo, lo que puede jugar un papel importante en la formación de la pareja como una unión permanente o por lo menos a largo plazo, pues el extremo placer que se obtiene al sentir y provocar un orgasmo en el otro crea un fuerte vínculo, de manera que una mujer que encuentra a un hombre que la ayuda a lograr sus orgasmos difícilmente se apartará de él.

❖ La anatomía de un orgasmo

Detrás de la exquisita experiencia del orgasmo existe una complicada maquinaria, y los cambios que tienen lugar en tu cuerpo durante el proceso y en el clímax son realmente extraordinarios. Lo que se vive como una explosión es solamente la cima de una larga ascensión que tiene diversos estadios.

Primera etapa: El despertar

Entre diez y treinta segundos después de haberse iniciado la excitación, se activan unas glándulas llamadas de Bartholin y éstas comienzan a secretar un líquido mucoso que tiene funciones lubricantes; asimismo comienza una fuerte concentración de sangre en la región pélvica, lo que aumenta la temperatura en esa región y de ahí comienza a expandirse por todo el cuerpo, lo que se llama "flujo orgásmico".

Este flujo de sangre inflama los "labios menores", que son aquellos que se encuentran en el interior de la vagina, lo que equivale a una erección en el hombre; al mismo tiempo, las glándulas en las paredes internas de la vagina secretan un líquido transparente que lubrica las paredes internas; algunas mujeres secretan una gran cantidad de esta sustancia, mientras que otras producen tan poca que requieren lubricantes vaginales para permitir una penetración confortable; aunque también la cantidad de secreción depende de qué tanto se haya cumplido esta primera fase del "despertar".

Sentimientos como la ansiedad o el simple cansancio inhiben estas reacciones, lo que se traduce en resequedad. Si esto es un problema para ti, ten siempre a la mano un lubricante vaginal a base de agua, lo que se consigue sin receta médica en cualquier farmacia.

La acumulación de sangre en la vulva (conjunto externo de la vagina), cambia su aspecto, haciéndola aparecer más oscura que de costumbre; en mujeres blancas, la coloración va del rosado al rojo intenso, y en las mujeres de tez oscura llega al tono púrpura.

A medida que el jugueteo sexual continúa, el clítoris sufre una erección y se endurece el clítoris es un apéndice que se encuentra en la parte superior de la vagina, donde se juntan los labios menores. Mientras tanto, la parte interior de tu vagina (que en condiciones normales es como un balón desinflado), se tensa y deja en claro el conducto del cérvix, que es un músculo en forma de anillo y que es la entrada del útero o matriz. Por su parte, el útero se retrae un poco, en preparación para el acceso del pene.

Esta fase que llaman "despertar" tiene un tiempo de entre 15 y 25 minutos, pudiendo durar más en algunas mujeres. Esta es una prueba biológica de que a las mujeres no nos gusta para nada el "sexo express".

Segunda etapa: Meseta

Si la excitación sexual continúa, tú entrarás en lo que se llama la "meseta", con lo que te encuentras en perfecta disposición para la actividad sexual. Si la penetración ocurre antes de esta etapa, puede ser molesta e incluso bastante dolorosa. A pesar de que ya admite la introducción del pene, la vagina puede continuar expandiéndose, dependiendo del tamaño del pene de tu compañero, puesto que en esta etapa se produce un estado flexible en las paredes de la vagina, con lo que normalmente se experimenta la introducción del pene como algo muy satisfactorio. Ocasionalmente, después de una primera introducción, la sobreexcitación produce un mayor agrandamiento de la cavidad vaginal, con lo que el pene queda demasiado "holgado", restando placer a ambos; sin embargo, esta condición es bastante rara, normalmente las paredes de la vagina se expanden solamente lo suficiente para permitir el paso del pene y ejercen la suficiente presión, lo que prueba que en realidad el tamaño del pene no está directamente relacionado con la intensidad del placer que se puede obtener.

Cuando el pene entra y sale de la vagina en un movimiento rítmico, el cuerpo de la mujer se adapta a ese ritmo y reacciona, retirando la "capucha" del clítoris, que es una pequeña membrana de piel que cubre al clítoris, a la manera del prepucio masculino, pues éste es demasiado sensitivo como para estar descubierto todo el tiempo.

El clítoris es la clave del placer sexual y del orgasmo para la mujer, aunque aparentemente se trata de una pequeña membrana; pero actualmente los científicos lo describen como la "punta de un iceberg", pues en realidad es el remate de un conjunto de nervios que se encuentran conectados con todos los órganos que intervienen en la actividad sexual. El clítoris es el equivalente femenino del pene, y al igual que éste, tiene erecciones (ver capítulo 2). Durante el sexo, el clítoris se pone rígido y aumenta su tamaño aproximadamente al doble, aunque cuando se le sobreestimula, parece que se esconde y se retrae en su propio capuchón; es en estos momentos cuando la presión directa puede resultar dolorosa, por lo que es preferible la estimulación indirecta, manipulando los tejidos que rodean al clítoris.

Tercera etapa: El orgasmo

Todavía no se conoce qué es aquello que "dispara" el orgasmo, aunque es claramente el resultado de un conjunto de estímulos que de alguna manera se acumulan. Sin embargo, sabemos que esta reacción se desencadena en el cerebro, por lo que no es el resultado directo de algún tipo de estimulación especial, pues no se trata de una reacción automática y puede ser inhibida psicológicamente si la mujer tiene alguna forma de represión de origen cultural, depresión o nerviosismo. Es por ello que mientras te encuentres más a gusto con tu pareja tienes más probabilidades de alcanzar el orgasmo.

Durante el orgasmo el útero sube hacia la pelvis y se expande la parte superior de la vagina, al tiempo que se producen contracciones rítmicas en periodos de un octavo de segundo, lo que coincide exactamente con la frecuencia de los espasmos de la eyaculación masculina. Después de las pimeras contracciones (entre 3 y 6), el ritmo baja y también la sensación. En muchas mujeres, los tejidos permanecen inflamados, por lo que si continúan siendo excitadas, se repetirá el orgasmo incluso varias veces, lo que se llama "orgasmo múltiple".

Cuarta etapa: Resolución

Una vez que se terminan las contracciones, la sangre acumulada en la zona pélvica comienza a retirarse y los tejidos van perdiendo su flexibilidad; el fluido lubricante deja de producirse y vuelven a la normalidad el ritmo cardíaco, la presión de la sangre y la respiración. Sin embargo notarás que tu rostro, tu cuello y hombros continúan irritados y mantienen el "rubor", debido a que durante todo este proceso tu cuerpo entero ha sido forzado a trabajar mucho, de manera que este estado, que se llama "postorgásmico", será visible un buen rato, sin embargo, tu aspecto sería el mismo si hubiera hecho ejercicio, por lo que no tienes que preocuparte de que los demás te lo noten.

Esta es la fase final del sexo y dura entre 10 y 15 minutos. En esta fase va bajando la presión arterial, por lo que se producirá un estado de gran tranquilidad, tu cuerpo estará completamente relajado y sentirás deseos de dormir, lo que es una reacción natural.

Recuerda que cada orgasmo es diferente y en esto no hay nada bueno ni malo, lo importante es que tú misma descubras qué es lo que te lleva a la completa realización sexual.

❖ Cumbres gemelas

La mayoría de las mujeres nos preguntamos si esa cumbre del placer sexual que es el orgasmo es la misma en los hombres y las mujeres, o nuestras cimas son diferentes, a continuación hablaremos de eso.

Una mujer describe su orgasmo

"Cuando yo descubro a alguien con quien me gustaría hacer el amor, lo primero que siento es una especie de vacío en el estómago, y ese sentimiento no me abandona hasta que comenzamos el juego del sexo. Pero desde el principio yo siento que me comienzo a humedecer por dentro; cuando se trata de un hombre nuevo, con el que no he tenidos relaciones previamente, un simple beso es suficiente para ponerme totalmente 'a punto'; si es uno de mis amantes habituales me toma un poco más de tiempo el excitarme realmente.

"Es muy importante tener un largo jugueteo sexual antes de entrar de lleno en el asunto y descubrir aquello que realmente nos motiva para no caer en el aburrimiento y perder 'presión'. Los hombres no entienden eso, pero una mujer sabe perfectamente cuando ya no va por buen camino, porque se comienza a 'secar'. El orgasmo femenino requiere una gran concentración, tú tienes que estar mentalmente bien dispuesta y completamente relajada.

"Yo reconozco que tengo tres clases de orgasmos: vaginal, clitoral y múltiple. Cuando mi orgasmo es vaginal, el clímax es menos intenso. Al principio, mi excitación me lleva a sentirme 'vacía', por lo que mi deseo es el ser 'llenada'; este es el momento adecuado para la penetración, lo que me hace sentir de inmediato satisfecha y sé que marcho hacia el orgasmo por un buen camino, pues la excitación aumenta y aumenta hasta que seguramente llego al clímax.

"Los orgasmos del clítoris son mucho más agudos, yo siento que la excitación y la tensión se localizan en el área vaginal. Un segundo antes de 'venirme', yo siento un fuerte calor en el interior de mi vagina y comienzan los espasmos. Cuando empiezan esas contracciones es preferible que él deje de estimularme directamente y solamente mantenga la presión, pues yo me encuentro tan sensible en esos momentos que su entusiasmo me puede hacer daño.

"Aunque para mí un solo orgasmo es suficiente, puedo tener otros si seguimos haciendo el amor, y entonces yo puedo alcanzar múltiples orgasmos; el segundo o tercero es mejor que el primero.

"Si yo me encuentro 'a tono', no me cuesta mucho trabajo llegar al clímax, y éste dura de seis a diez segundos, con cinco o seis contracciones mayores, y muchas otras pequeñas después. Lo más frustrante que me puede suceder es caer en la distracción cuando estoy a punto de llegar al clímax, lo que me sucede con mucha facilidad si mi compañero hace algo mal o cambia lo que está haciendo en un momento inadecuado; eso me desanima completamente y entonces sé que ya no lo voy a lograr. Lo que yo siempre pido a mis amantes es que sean persistentes en lo que hacen y que al llegar mi cima mantengan una presión gentil, pero firme.

"Después de mis orgasmos yo me siento psicológicamente sensible y algunas veces un poco avergonzada, sobre todo si me encuentro con un hombre nuevo. Siempre me toma unos cuantos minutos el 'regresar a tierra', por lo que no puedo levantarme de inmediato de la cama, prefiero descansar un buen rato".

Un hombre describe su orgasmo

"Para mí, el orgasmo comienza antes de que toque a una mujer o ella a mí. Cuando sé que tengo buenas probabilidades de tener sexo esa noche, estoy excitado todo el día; aunque no esté pensando en ello conscientemente, incluso tengo erecciones con frecuencia.

"A mí me encantan los preparativos complicados, el flirteo y el juego erótico, pues me gusta mucho la sensación de estar erecto. Para mí el sexo comienza cuando se da una buena conversación con la muchacha y me encuentro a gusto con ella, entonces siento cómo mis testículos se elevan un poco y tengo una sensación de calor que sube por mi estómago y llega al pecho. Este estado de excitación suave me gusta mucho y yo busco la manera de prolongarlo lo más posible.

"Si se trata de una primera vez, la verdad es que me pongo un poco ansioso, pues me preocupa el cumplir las expectativas de ella y sobre todo el durar el tiempo suficiente para satisfacerla a ella y a mí mismo, pues un orgasmo apresurado o precoz me deja con una sensación de vacío y frustración que me resulta muy desagradable, por lo que mi regla es: 'mientras más largo, mejor'.

"Un momento antes del orgasmo, yo siento con toda claridad la inminencia de chorro, y en ese punto, incluso si me dejo de mover, siento que eyaculo sin tener verdaderamente un orgasmo; el semen sale con fuerza, pero yo siento muy poco el placer que se relaciona con ello. Para completar realmente un orgasmo, tú debes coordinar las acciones de tu cuerpo con lo que está ocurriendo en tu mente.

"Yo creo que el orgasmo no es otra cosa sino una gran liberación de energía que se produce cuando se acumula una necesidad hasta el punto de volverse imperativo el satisfacerla; es como cuando estás desesperado por ir al baño, llegas ahí, te dejas ir, y la satisfacción es espléndida; así es el orgasmo cuando llega a su tiempo, es como una gran ola de placer. Por supuesto no es algo continuo, como el placer que se obtiene previamente. Uno puede sentir cómo se encuentra bombeando el semen, es una sensación muy intensa, pero no creo que dure más de seis segundos. Incluso en ese momento de abandono yo estoy consciente de si mi pareja realmente está disfrutando o no.

"Mis mejores orgasmos ocurren en las épocas en que estoy teniendo mucho sexo; yo creo que cuando uno deja de tener sexo por mucho tiempo, aumentan exageradamente las expectativas y por supuesto tus deseos, de manera que no eres capaz de contenerte y te vienes demasiado rápido.

"Cuando yo me encuentro en esas condiciones y tengo una cita para esa noche, lo que hago es masturbarme durante el día como para estar en forma, pues en la noche seguramente tendré más control e incluso siento que produzco más líquido.

"Han habido ocasiones en que me quedo en la cama todo el día con mi pareja y yo he logrado hacer el amor hasta cinco veces; en los últimos yo siento que no expulso nada y sin embargo siento el orgasmo y ella también lo disfruta, aunque claro que el primero es siempre el mejor.

"Yo no siento diferencia entre un orgasmo y otro cuando se producen en posiciones diferentes, aunque me gusta el orgasmo que me sucede en el sexo oral, realmente lo siento más intenso, aunque menos violento.

"Si tuviera que describir mi orgasmo en pocas palabras, yo diría que es intenso, poderoso y 'húmedo', cuando llego al clímax en buenas condiciones, me siento muy satisfecho, pero tengo que descansar por lo menos media hora. Después de la eyaculación, mi pene vuelve a la normalidad en pocos minutos.

"Emocionalmente, no hay nada mejor que experimentar el orgasmo con quien tú amas. El orgasmo puede ser tanto físico como emocional; en el aspecto físico es casi siempre la misma cosa, pero la parte emocional sí cambia mucho, dependiendo de la relación que llevas con tu pareja".

Capítulo 2

Bienvenida a las Zonas de Placer

- Tus zonas erógenas, desde el clítoris hasta el recién descubierto "Punto G"
- Erecciones femeninas, cómo pueden llevarte a nuevos tipos de excitación
- Las hormonas y tu vida sexual

"El sexo oral es mi forma favorita de llegar al clímax. De esta manera yo siento el orgasmo más intenso, las contracciones son claras y más fuertes. Algunas veces también llego al orgasmo por medio de la penetración, pero no me siento tan bien, tal vez porque el pene de él interfiere con las contracciones mías; sin embargo también lo disfruto, aunque no de la misma manera".

Katharine

"En mi caso, el orgasmo definitivamente se encuentra relacionado con mis estados de ánimo. Cuando me encuentro bien dispuesta emocionalmente me caliento muy rápido y me vengo con toda naturalidad, sin mayores problemas. Pero si me encuentro tensa o si estoy triste, toda mi energía se concentra en liberarme de esos sentimientos más que en obtener placer; pero cuando llego al orgasmo me siento muy tranquila".

Amanda

❖ Descubre tus zonas erógenas

Existe todo un mundo de posibilidades para experimentar placer; algunos orgasmos te harán estremecer, mientras que otros te parecerán apenas divertidos. La gente que tiene poca información tiende a pensar que el orgasmo es una experiencia única y que se vive siempre de la misma manera.

La mayoría de nosotros estamos influenciados por las escenas que vemos en el cine, donde la dama en la pantalla grita de placer en el momento supremo del sexo; pero afortunadamente la vida real es mucho más rica y variada que eso.

Las sensaciones que produce un orgasmo pueden ser cualquier cosa dentro de los extremos que van desde una simple sensación de alivio hasta una verdadera explosión de sentimientos y emociones; lo mismo que en una noche tú puedes experimentar un solo orgasmo, conseguido con gran dificultad, mientras que en otra sesión de amor puedes tener varios con cierta facilidad. Algunas veces te darán ganas de gritar, mientras que en otras ocasiones quisieras reír, o disfrutar del momento en un silencio parecido a la experiencia mística. A veces tendrás una sensación que procede de la tensión de tres grandes músculos, y a veces te parecerá que la tensión es totalmente diferente, pues incluye otros muchos pequeños músculos que antes no se habían movido; todo ello es estrictamente individual y específico de cada situación.

Tus orgasmos también pueden ser distintos de un día a otro, dependiendo de tus estados de ánimo y del momento que vivas en la relación con tu pareja, además de lo cansada o fresca que te encuentres, así como de tu nivel de excitación o relajación.

Es posible que los lunes experimentes un orgasmo profundo, pero tranquilo, mientras que después de una semana de trabajo tu pareja tenga que bajarte del techo, pues después de varias explosiones orgásmicas te encontrarás flotando por la recámara.

El orgasmo femenino es lo que ahora se llama holístico, que bien podríamos entender como "global", pues refleja todo lo que está pasando en tu vida, en un tiempo específico que es completo e irrepetible.

Tus zonas particulares

Cada mujer tiene su propia sensibilidad en todos los aspectos, y también en los puntos en que se manifiestan las variables de su erotismo. Algunas mujeres llegan al orgasmo con el simple masaje en sus pies y otras se extasían con las caricias en sus senos, mientras que otras permanecerán frías ante esos mismos estímulos.

Algunos terapeutas sexuales afirman que las mujeres son el "sexo fuerte" en lo que a orgasmos se refiere, puesto que nuestro placer se encuentra diseminado por todo el cuerpo y la excitación que conduce al orgasmo toma múltiples caminos.

Para muchas mujeres, los aspectos subjetivos o psicológicos del sexo son factores determinantes para llegar al orgasmo; por ejemplo, tu pelo es lo menos erógeno que puede haber en tu cuerpo, pero cuando tu amante acaricia con delectación tu cabellera es posible que te produzca una fuerte emoción y te haga sentirte amada, lo que seguramente te conducirá a un mayor gozo sexual y a la consecución del orgasmo.

¿Cuánto dura un orgasmo?

Seguramente todos hemos visto en el cine que la actriz gime y se convulsiona en un orgasmo ficticio durante varios minutos, lo que seguramente le da mucha fuerza a la escena; pero eso es completamente falso; en la vida real un orgasmo, por intenso que sea, dura entre 13 y 51 segundos en la mujer, aunque lo vivamos como si fuera mucho más largo, pero eso se debe a la interpretación psicológica que hacemos de la experiencia y no al proceso biológico mismo. De cualquier manera, el orgasmo femenino es más largo que el del hombre, que va de 10 a 30 segundos. El hecho de que unos orgasmos, en términos reales, duren más que otros, es todavía un misterio para los sexólogos.

El extraordinario punto "G"

Actualmente mucha gente tanto hombres como mujeres se encuentra en busca del "punto G" (llamado así en honor de su descubridor, el médico alemán Grafenberg), pues todo mundo piensa que al encontrar y manipular este misterioso punto su vida sexual mejorará radicalmente.

Todavía muchos terapeutas sexuales son escépticos respecto de la existencia de esta zona erógena, pero otros le otorgan pleno reconocimiento y afirman que toda mujer tiene su punto G, describiéndolo como un pequeño apéndice de tejido que se encuentra en la parte superior del interior de la vagina, a una distancia de unos cinco centímetros de la entrada, precisamente bajo el llamado "hueso púbico", donde se junta el conducto vaginal con el urinario.

La teoría es que algunas mujeres poseen una especial sensibilidad en la uretra, lo que hace que la excitación vaginal produzca un efecto secundario precisamente en esa región y esto resulta particularmente agradable, lo que en realidad no da pie para pensar en el mágico punto G como un botón que dispara un verdadero "fuego erótico". El caso es que a muchas mujeres les parece sentir una especial excitación al recibir una presión sobre la pared superior de su vagina, mientras que otras permanecen completamente indiferentes ante tales manipulaciones.

El trasero lujurioso

Como ya hemos dicho, cada orgasmo es diferente y cada quien tiene su manera de lograrlo, lo que excita sobremanera a unas mujeres, a otras las deja frías.

Tal es el caso del sexo anal, que para muchas mujeres puede parecer molesto, doloroso o incluso degradante, mientras que para otras es la puerta para un espléndido orgasmo.

Las encuestas internacionales han revelado que un amplio número de mujeres (entre el 12 y el 70%) han probado el sexo anal por lo menos una vez en su vida, aunque en este tema es difícil creer que las encuestas son completamente fidedignas, sobre todo en aquellas regiones que arrojan resultados muy bajos; lo que sí podemos afirmar es que se trata de una práctica relativamente común en la actualidad.

Lo que es incontrovertible es que el ano se encuentra dotado de vasos sanguíneos y terminales nerviosas, lo que hace que ésta sea un área erógena muy sensible, por lo que es natural que la estimulación directa produzca un efecto considerable.

Para muchas mujeres, la manipulación del perineo, que es el área entre los orificios anal y vaginal, resulta muy estimulante.

Es indudable que el aspecto psicológico favorece al sexo anal, pues para acceder a ello se requiere romper "tabúes", por lo que esta práctica resulta particularmente emocionante para quienes han sido educadas en la represión y el miedo a lo prohibido (ver capítulo 8).

El centro del placer: el clítoris

Para la mayoría de las mujeres, el clítoris es la llave que abre la puerta del placer, casi todas nosotras hemos practicado el autoerotismo por medio de la manipulación de nuestro clítoris.

El padre del psicoanálisis, Sigmund Freud, sostenía la tesis de que la mujer tiene dos tipos de orgasmo: el clitoriano y el vaginal. Obviamente, el clitoriano es el que se produce por la estimulación del clítoris, y el vaginal es el que se produce por la fricción del pene dentro de la vagina, aunque no se toque directamente el clítoris.

Freud decidió unilateralmente que el orgasmo clitoriano era de alguna manera "inferior"; pero la mayoría de los sexólogos y también las mujeres, actualmente negamos su teoría, argumentando que no existe indicador que nos permita calificar cualquier tipo de orgasmo como inferior en algún sentido, y que cuando menos dos tercios de las mujeres requieren de una estimulación clitoriana para llegar al clímax, debido a que las paredes interiores de la vagina tienen pocas terminales nerviosas y en realidad transmiten sensaciones débiles, lo que es bastante lógico, pues si esos tejidos fueran muy sensitivos, el trabajo de parto sería insoportable.

En un tercio de las mujeres, el sólo movimiento del pene dentro de la vagina logra la suficiente excitación para producir el orgasmo, pero difícilmente puede dejar de considerarse la excitación previa e indirecta sobre el clítoris, pues incluso en este "orgasmo vaginal" se producen presiones sobre los tejidos y los músculos que rodean al clítoris, así que de cualquier manera se le estimula.

Para la mayoría de nosotras, el clítoris requiere un contacto directo con algo, ya sea un dedo o la lengua, para alcanzar la suficiente excitación que nos conduzca al orgasmo, por lo que la "superioridad" del orgasmo vaginal es solamente un mito y podemos estar seguras de que no hay nada mejor o peor, solamente diferentes caminos en el campo del placer.

Orgasmos múltiples

Si consideramos las diferencias sexuales entre el hombre y la mujer, podríamos comenzar por decir que los hombres tienen una cierta ventaja en tanto que llegan al orgasmo con rapidez, con facilidad y prácticamente en todos los eventos sexuales, pero esto se compensa con creces cuando pensamos en que la mujer es capaz de tener orgasmos múltiples. La cosa funciona más o menos así: un orgasmo múltiple es cuando tú llegas al clímax, pero la ola de excitación continúa, de manera que fácilmente puedes recuperar el estado que hemos descrito como "meseta". Si tú eres estimulada durante este nuevo periodo podrás experimentar el orgasmo otra vez, y el proceso puede continuar hasta que quedes exhausta. Algunos estudios revelan que por lo menos un tercio de las mujeres son multiorgásmicas. Una mujer sobre la que se realizaron pruebas tuvo cincuenta orgasmos en serie, pero ya no se pudo seguir con el experimento porque se agotaron las fuerzas de los varones que se habían prestado de voluntarios para este experimento. Muchos sexólogos están de acuerdo en que la mayoría de las mujeres pueden llegar a ser multiorgásmicas si se empeñan en la práctica (¡delicioso empeño!).

Se supone que la razón de esta extraña capacidad femenina se encuentra en el hecho de que los hombres y las mujeres alcanzan el orgasmo por diferentes caminos. Para el hombre, el orgasmo es como una carrera de corta distancia, él despliega toda su energía en poco tiempo y sus hormonas rápidamente invaden su torrente sanguíneo, por lo que él debe descansar para restaurar su energía y prepararse para el siguiente orgasmo. La fase de descanso o "resolución" del orgasmo está directamente relacionada con la edad del hombre, de manera que los más viejos necesitan más tiempo para recuperarse, mientras que los adolescentes pueden requerir solamente de unos minutos, pero en promedio los hombres necesitan de 15 a 30 minutos para repetir el acto y preparar un nuevo orgasmo. Si tú estimulas a tu pareja antes de ese tiempo, lo más probable es que en vez de excitarlo le produzcas molestias.

En el caso de la mujer, el sexo es como la carrera de Maratón, su energía se gasta poco a poco y lentamente se prepara su orgasmo, pero una vez que se encuentra "en la carrera", puede permanecer en ella por horas. Otra de nuestras ventajas es que las hormonas que inducen al sueño y al descanso en la etapa de la "resolución" tardan mucho más en entrar en el torrente sanguíneo de la mujer, con lo que podemos estar frescas y excitadas por más de media hora después de nuestro primer clímax, lo que significa que si se nos estimula durante ese periodo podemos seguir teniendo un orgasmo tras otro.

El nuevo punto "A"

No sería raro que tú no hubieras escuchado hablar de esta zona erógena, en realidad muy poca gente sabe de esto, pues se ha descubierto hace muy poco tiempo; su tipificación como "punto A" proviene de la manera como se le ha llamado en inglés: *Anterior Formex Erogenous Zone*, lo que significa que se trata de una zona sensible que se encuentra en la pared frontal de la vagina, más cerca de la entrada del cérvix que el punto G antes descrito.

Este descubrimiento ha causado un gran entusiasmo a partir de que los estudios muestran que un 95 por ciento de las mujeres en las que se estimuló esta zona manifestaron una "sensibilidad erótica" en mayor o menor grado, lo que se constató por el hecho de que aumenta la lubricación vaginal en todos los casos.

Los investigadores han propuesto como hipótesis el que la estimulación del punto A provoca una mayor afluencia de sangre hacia la región pélvica, lo que hace que la mujer secrete una mayor cantidad de lubricantes, y también indica un incremento de la excitación, receptividad y buena disposición para el placer sexual. La mejor lubricación de la región vaginal hace que las mujeres se sientan más relajadas y cómodas, por lo que se facilita su entrega erótica y por tanto aumentan las posibilidades de alcanzar el orgasmo en menor tiempo y con mayor intensidad.

Al igual que en el punto G, también esta nueva zona es objeto de controversias, no sólo de su existencia, sino de la función que pudiera tener en la producción del orgasmo femenino. Pero más que hacer caso a esta clase de polémicas, valdría la pena experimentar con nuestro propio cuerpo para descubrir estos puntos y encontrar el significado físico y psicológico que pudieran tener para nosotras; por lo que a continuación te describiremos una técnica sencilla y segura para explorar tu propia anatomía:

Lubrica bien tus dedos e insértalos con delicadeza en tu vagina, hasta que encuentres la entrada del cérvix hasta el fondo; se siente como una especie de nudo firme, pero a la vez flexible. Un poco más abajo de esa protuberancia podrás sentir un área muy suave y extremadamente sensible al tacto, no hay duda, ese es precisamente tu punto A; para estimularlo mueve uno de tus dedos de abajo hacia arriba y relájate para que logres identificar lo que realmente estás sintiendo. Para estimular el punto A durante la relación, será conveniente que te coloques en una posición en la que el pene entre en profundidad y presione la pared anterior de la vagina; para esto pudiera servir la llamada posición "de perrito", o aquella en la que tú te colocas de frente en la orilla de la cama y tu compañero se encuentra de pie delante de ti.

Juegos mentales

La imaginación es muy importante en la actividad sexual femenina, tanto que hay mujeres que no requieren estimulación física y pueden alcanzar el orgasmo utilizando solamente su imaginación.

Muchas de nosotras tenemos "sueños húmedos", que los médicos llaman "actividad orgásmica nocturna", lo que muchas veces conduce al orgasmo efectivo a partir de las imágenes eróticas que aparecen en el sueño. Desgraciadamente la sensación desaparece rápidamente a partir de que abres los ojos.

Nuestras emociones pueden tener un efecto tan poderoso sobre nuestra capacidad de gozar, que muchos terapeutas sexuales manejan la idea de que la principal zona erógena de las mujeres es su cerebro, y no lo dicen como una humorada, sino como una realidad.

Todas reconocemos que no son solamente los estímulos físicos los que nos inducen al sexo, sino también todo lo que pensamos e imaginamos. Trataremos este tema más a fondo en el capítulo sexto.

Diferentes tipos de orgasmos

A continuación presentamos relatos de algunas mujeres que describen los procesos íntimos que las conducen a la etapa del "despertar" :

"Yo sé que existen varias clases de orgasmos; en mi caso yo lo siento de diferentes maneras, una de ellas es la que llamo 'caliente', pues siento un calor especial que comienza en mi vagina y se va extendiendo primero hacia mi estómago, más tarde hacia mis pechos, luego siento que me baja por las piernas y se concentra en los dedos de mis pies. Otras veces la sensación llega hasta mi cabeza, haciendo que se me erice el cuero cabelludo. Lo que más disfruto es cuando ese calor se disemina por todo mi cuerpo, sintiéndolo en cada poro de mi piel por unos momentos, para después convertirse en una tibieza que invade todo mi cuerpo, lo que me produce una deliciosa sensación de tranquilidad y relajación".

Di

"Yo siento que una ola de energía se mueve por mis muslos hasta las rodillas, y después regresa para concentrarse entre mis piernas; entonces comienza una serie de contracciones, primero muy fuertes y después más suaves. Algunas veces es posible seguir haciendo el amor y lograr otro clímax; pero éste se siente diferente, ahora se presenta como un estremecimiento incontrolable en vez de las contracciones, seguido por un hormigueo que baja por mis piernas".

Nikki

"La mayoría de las veces siento como que mi mente está flotando, me inunda una suave sensación de mareo que es muy satisfactoria; aunque algunas veces lo siento como algo muy rápido y explosivo, pero en estas ocasiones se disipa también con mucha rapidez. Otras veces mis sensaciones se encuentran muy mezcladas, no distingo algo en especial, solamente un placer que corre por todo mi cuerpo".

Jo

"Mis orgasmos son diferentes, dependiendo de que yo sea estimulada oralmente, por penetración o por medio de la masturbación. Yo reconozco que en parte son el resultado de mis emociones, junto con el calor que se produce en mi cuerpo por la excitación. Algunas veces lo siento como si me riera por dentro, como un cosquilleo. Yo nunca me siento completamente satisfecha, siempre quiero más y sé que seguiría sintiendo por mucho tiempo.

Es muy bueno saber que en este aspecto superamos a los hombres, pues nosotras podemos tener muchos orgasmos".

Scarlet

"Con mi último amante, yo llegaba al orgasmo al escuchar su voz en el teléfono; pero cuando tenía su pene dentro de mí, la verdad es que no sentía nada".

Della

❖ La erección femenina

Por fin la ciencia ha aceptado la existencia de la erección femenina. Todas tenemos erecciones durante el sexo, pero no siempre nos damos cuenta de ello, pues no sabemos distinguirlas debido a que no tenemos información acerca de este fenómeno y porque lo consideramos exclusivo del varón. Suena raro que una no se dé cuenta de algo así como una erección, pero hay que considerar que la liberación sexual de la mujer es un fenómeno muy reciente en nuestra cultura y que todavía nos falta incorporar aquellas nociones que completan la conciencia de nuestra sexualidad.

La misma palabra "erección" parece inapropiada para la mujer e incluso nos causa una cierta aversión. Nos hace pensar que algo "se para" de una manera evidente, como sucede con el pene; por supuesto, en el caso de la mujer el fenómeno es mucho más sutil, pero tan real como en el hombre.

Así es como opera la erección femenina:

Uno piensa que la excitación sexual comienza en el cuerpo, pero en realidad el deseo se inicia en el mayor órgano sexual que tenemos: el cerebro, en donde una señal cualquiera: una imagen, un sonido o un aroma inicia el mecanismo del deseo. En el caso de la mujer, estas primeras conexiones cerebrales se traducen en sutiles cambios físicos.

Al principio, sólo estamos conscientes de una sensación general de sensibilidad placentera, seguido de un calorcillo que se concentra en el vientre, lo que nos hace darnos cuenta de que se trata del deseo sexual, aunque no podemos estar completamente seguras, a diferencia del varón, quien tiene la evidencia del agrandamiento de su pene.

Si la ideación o la estimulación física continúa, comienzan a aparecer otros cambios: un flujo de sangre llega a nuestros genitales y nos damos cuenta del calor interno y también de que nuestros músculos en la región media del cuerpo se han relajado, de manera que la ropa se siente un poco estrecha. En muchas mujeres la sangre sube a sus mejillas, cuello, hombros y pecho, lo que se conoce como "rubor", y que es definitivamente un indicador de excitación sexual. En este estado, podríamos notar que nuestras pupilas se han dilatado, lo que también es un indicador sexual. En este momento se encuentra ya en proceso la erección.

Estimulación y despertar sexual

A medida que se incrementa la excitación, se abren los vasos capilares en la zona del clítoris y la vagina, dispuestos a recibir un nuevo flujo de sangre. Antes se pensaba que esta disposición de los genitales a recibir sangre y aumentar su flexibilidad era para proteger a los delicados órganos sexuales femeninos del violento impacto que representa la penetración. Es indudable que ésta es también una función de esa inyección de sangre, pero el principal efecto es el incremento del potencial de la mujer para experimentar sensaciones placenteras en relación con la presencia del pene. El reforzamiento de sangre hace que se inflamen los labios exteriores de la vagina, como una flor que se abre para recibir a su visitante.

¿Qué es entonces lo que se erige?

La respuesta es : toda el área vaginal, pero particularmente el clítoris, que actúa de la misma manera que el pene y tiene una forma similar. La cabeza del clítoris puede parecer pequeña, pero es ahí donde se concentra un complejo sistema de terminales nerviosas que se conectan prácticamente con todo tu cuerpo, aunque tienen especiales ramificaciones que atraviesan los músculos de los muslos, es por ello que muchas mujeres sienten que sus muslos "cosquillean" o se estremecen con la excitación sexual. En realidad, la parte visible del clítoris es solamente el remate de un sistema muy complejo, que involucra el trabajo de nervios que se distribuyen por todo el cuerpo. La parte más sensitiva de esos nervios está contenida en una pequeña protuberancia muscular en forma de herradura que rodea la raíz del clítoris y que parece parte de él mismo; sin embargo es una zona sensitiva diferente y se le conoce como el "árbol". La estimulación de esta protuberancia tiene efectos muy placenteros, pero menos violentos que los del cuerpo del clítoris, por lo que muchas mujeres prefieren el estímulo del árbol en vez de la manipulación directa del clítoris, lo que les resulta demasiado fuerte y hasta doloroso.

En investigaciones sexológicas se ha revelado que durante el sexo muchos hombres estimulan el clítoris directamente, lo que puede resultar inadecuado para las mujeres. En la masturbación, la mayoría de las mujeres de hecho no tocan su clítoris, sino que se producen una estimulación indirecta por medio de los labios exteriores o la presión sobre el árbol, evitando el contacto directo con la cabeza del clítoris, que es hipersensible.

La exploración en los alrededores del clítoris crea una sensación muy placentera, pero manejable, más o menos similar a la manipulación que hacen los hombres sobre su pene, presionando en la base sin tocar la cabeza, lo que es perfectamente lógico, pues en muchos sentidos el pene y el clítoris son homólogos, aunque la sensibilidad en la mujer se extiende por toda la vagina; pero en ambos casos el centro de la sensibilidad se encuentra rodeado por tejidos externos que protegen a los nervios de una estimulación indeseable.

Eyaculación femenina

La sexualidad femenina y la masculina son diferentes en muchos aspectos, pero en un sentido fisiológico se corresponden de muchas maneras, como ya hemos visto en el caso del paralelismo entre el pene y el clítoris, pero la similaridad no termina en la anatomía y las funciones; el hombre eyacula en el momento del orgasmo y eso es bien sabido, lo que no lo es tanto es que la mujer también eyacula; esto es reconocido ahora por la mayoría de los sexólogos.

Hasta hace muy poco se pensaba que la mujer no podía eyacular y que el hecho de que muchas mujeres presentaran una mayor humedad vaginal después del orgasmo se debía simplemente a que unas producen más lubricante que otras, o que algunas mujeres lanzaban cierta cantidad de orina en el momento del clímax, como una reacción ante los espasmos que se producen en esos momentos de éxtasis, lo que no deja de ser bastante común, debido a la cercanía de la vejiga, cuyo conducto de salida se encuentra precisamente bajo el útero, por lo que una gran excitación puede producir una pérdida de control, lo que es natural, aunque muy vergonzoso para la mujer.

Pero desde hace mucho tiempo que las mujeres somos conscientes de que además de esta clase de pequeños accidentes y de la emisión de lubricantes, existe una especial emisión de líquido en nuestros genitales cuando experimentamos el orgasmo. Los investigadores ahora confirman esta postura, pues ya se han realizado análisis de los diferentes líquidos que se encuentran en la vagina después del orgasmo y existe uno que definitivamente no es orina ni lubricante, por lo que lo han llamado fluido eyaculatorio, y está compuesto de grasas y proteínas en una mezcla similar a la del líquido seminal masculino, aunque, por supuesto, no contiene espermatozoides.

Es muy poco todavía lo que se sabe acerca de este fluido, por ejemplo, no se conoce en qué órgano se produce o cuál es su función durante el sexo, sin embargo, no podemos ya dudar de que el fenómeno existe.

❖ Las hormonas y tu vida sexual

Habrás notado que algunas veces tú te encuentras tan cargada de energía sexual que sientes un calor interno todo el tiempo, deseando intensamente una relación sexual, mientras que otros días te conformas con un simple beso de buenas noches. Estas variaciones en tu disposición erótica son resultado de un conjunto de factores distintos: tu estado de salud, el cansancio, las emociones, el tipo de relación que tienes con tu pareja y, por supuesto, las hormonas.

La hormona que tiene mayor influencia en tus ciclos eróticos es la llamada estrógeno. Producido precisamente en los ovarios, el estrógeno es como un reloj que va programando día con día tu ciclo menstrual, preparando el endometrio para la posible gestación de un bebé. Cuando esta hormona llega a su máxima saturación, entre los días once y dieciocho de tu periodo, un óvulo se desprende de tus ovarios y viaja a través de las trompas de Falopio para instalarse en la matriz.

No es coincidencia que es precisamente en estos tiempos cuando nosotras sentimos el impulso sexual con mayor urgencia; la naturaleza lo ha organizado todo de tal manera que nuestro cerebro y nuestro cuerpo arden de deseo precisamente en el tiempo en que existen más probabilidades de embarazo. Pero el trabajo de los estrógenos no ha terminado todavía, pues ahora producirá un cambio en la mucosa del cérvix, normalmente la mucosidad que ahí se produce carece de una disposición específica, pero cuando entran en acción los estrógenos, las moléculas de este líquido viscoso se organizan y crean líneas paralelas, formando verdaderos caminos para que los espermatozoides puedan nadar en el sentido correcto y no se pierdan por esas zonas tan escabrosas.

Estos cambios internos tienen efectos en toda tu persona, por lo que tú te sientes especialmente motivada, pero eso no solamente te afecta a ti, sino también a tu pareja, quien puede llegar a sentir algo similar si tú lo ayudas a entrar en el juego hormonal, invitándolo a que huela profusamente tu piel e incluso que la recorra con la lengua, pues en los momentos en que te encuentras llena de estrógenos, tu cuerpo produce unas hormonas que se conocen como "sociales" o "afrodisíacas" y que científicamente se llaman feromonas. Durante los periodos fértiles de la mujer, una gran cantidad de feromonas se mezclan con todas las secreciones del cuerpo y los hombres pueden recibir el estímulo incluso por medio del olfato, lanzando un mensaje sexual que se maneja a niveles inconscientes, pero que produce un cierto grado de excitación en los hombres, lo que puede aumentarse grandemente si él recibe las feromonas directamente de tu piel.

La feromonas también lanzan mensajes no sexuales, pero que son de índole social, como es la sincronización de los periodos menstruales entre mujeres que conviven largas temporadas, como si los relojes de unas y otras se sincronizaran; este fenómeno es producido por la emisión de feromonas.

El ejercicio también puede hacer que te sientas muy "sexy", un cuerpo sano y un buen tono muscular es algo en sí mismo deseable, pero cuando el ejercicio te permite transpirar en abundancia te convertirás en una persona extremadamente atractiva para los hombres, y una verdadera "bomba sexual" si permites que tu sudor llegue a las narices de los hombres durante tus días fértiles. Por esta razón, muchas personas se excitan en los lugares donde se hace ejercicio.

Aunque los estrógenos son las hormonas básicas para el equilibrio sexual de la mujer, curiosamente la androsterona, que es una hormona típicamente masculina que se produce en los testículos, también existe en la mujer e interviene en nuestra vida sexual, al igual que la testosterona, cuyo balance es muy importante para la sexualidad femenina, a tal grado que cuando disminuye violentamente en el metabolismo de la mujer, su sexualidad prácticamente se interrumpe; lo que en realidad no tiene una explicación fisiológica, sino tal vez neurológica, con repercusiones en la mente, pues al administrarse pequeñas dosis de estas hormonas masculinas la mujer vuelve a tener deseos sexuales y se restablecen sus ciclos.

Capítulo 3

Preparándose para Volar

- En busca de la pareja adecuada
- Lo que deben saber los hombres acerca del orgasmo femenino
- El manejo del juego sexual, para lograr lo que quieras en la cama

"Yo me sentía profundamente atraída por un hombre, pero en la cama él era un desastre; cuando yo quería que todo ocurriera con lentitud, él iba demasiado rápido, y cuando yo necesitaba un poco de fuerza, él se comportaba con demasiada gentileza. Definitivamente nada podría haberse dado entre nosotros".

Fiona

"Yo les pediría a los hombres que siempre recordaran que las mujeres somos como los elevadores: el presionar más fuerte el botón no hace que subas más rápido".

Marie

❖ En busca de tu propio estilo

¿Cuál es tu personalidad sexual?

Muchas de nosotras identificamos perfectamente cuáles son los rasgos de personalidad que nos hacen tan exitosas en el trabajo o en la sociedad, sin embargo sabemos muy poco acerca de las fuerzas misteriosas que nos motivan en los momentos de pasión, lo que es una vergüenza y un verdadero hueco en nuestra vida; es necesario hacernos conscientes de nuestras capacidadaes y motivaciones sexuales, a fin de reconocer y cultivar nuestra "personalidad sexual", pues este especto de la vida es tan importante como los demás y merece toda nuestra atención.

A continuación te presentamos un pequeño ejercicio que te permitirá cuestionar tus actitudes sexuales y encontrar los lineamientos de tu patrón básico de personalidad sexual, las letras no se encuentran en orden alfabético para no condicionar tu pensamiento a cierta ubicación; solamente marca el planteamiento con el que más te identifiques en cada punto.

1. **Si se te pidiera que describieras a tu amante ideal, tú dirás...**

   D. Excitante, pasional, como salido de una novela o una película.

   B. Alguien que no tenga límites; fuerte y atrevido, tal vez hasta un poco perverso.

C. Me gustaría un hombre que primero me haga el amor apasionadamente y después me lleve a ver el atardecer.

A. Que sea muy creativo y variado. A mí me gusta hacer el amor siempre en nuevos lugares.

E. Tierno y gentil. Para mí es muy importante el cortejo y el juego amoroso antes del sexo.

2. **¿Qué tan importante es el romanticismo para ti?**

A. Me gusta mucho, es como el aderezo para la ensalada.

D. Es muy importante. Me encanta que tengan atenciones conmigo y que me traigan flores.

C. Eso es bonito pero secundario, lo importante es la comprensión y la buena relación sexual.

E. Es importante, pero no un requisito.

B. No mucho. Yo prefiero la pasión.

3. **¿Te parece atractivo tu compañero actual?**

E. Sí. Es posible que a otras mujeres no les guste mucho, pero para mí es encantador.

B. ¿Cuál de todos?

D. ¡Por supuesto!... aunque ahora que lo pienso, se parece un poco a mi papá.

C. Definitivamente; sobre todo cuando se pone una camisa deportiva.

A. Creo que sí; la verdad no he pensado en eso.

4. **En tus conversaciones, ¿qué tanto hablas de sexo?**

B. Todo el tiempo. A mis amigos les encanta mi vida sexual; es muy excitante.

A. Bastante, especialmente con mi pareja, el hablar de sexo es la mejor manera de prepararse para hacerlo realmente.

C. Casi nunca, para mí es algo muy privado.

E. De vez en cuando; sobre todo cuando las cosas no van tan bien con mi pareja.

D. No tanto como yo quisiera, a mi novio no le gusta eso.

5. **¿Qué tan fácil te resulta pedir que te hagan cosas en la cama?**

E. No me es muy difícil. Él ya sabe lo que me gusta, aunque a veces tengo que recordárselo.

D. Es muy difícil para mí; me da vergüenza; además él puede pensar que soy una mujer ligera.

B. Es muy normal; yo siempre le doy señales.

C. Realmente no; creo que no tiene caso, la verdadera satisfacción está en mí misma.

A. Nosotros hablamos mucho cuando hacemos el amor; eso es excitante para ambos.

6. **Normalmente ¿quién inicia el sexo?**

A. Por supuesto él, siempre está bien dispuesto. Yo prefiero un poco de romance antes.

C. La mayoría de las veces es él.

D. Indistintamente; él sabe muy bien cuando soy yo la que quiere.

E. Cualquiera de los dos; pero si yo estoy muy cansada, él no se molesta si lo dejamos para la mañana siguiente.

B. Normalmente soy yo, pero él siempre está dispuesto.

7. **¿Qué te enseñaron tus padres acerca del sexo?**

C. Ellos tenían la firme creencia de que yo debía llegar virgen al matrimonio.

E. Me dijeron que podía ser disfrutable, pero peligroso y complicado, que tuviera mucho cuidado.

A. Que era algo perfectamente saludable, pero que se tenía que hacer con la persona adecuada.

B. Yo siempre tuve problemas por eso, mis padres no soportaban a mis novios.

D. Mi padre era muy afectuoso conmigo, muchas veces más que mi madre.

8. **¿Qué dirás de tus padres, en general?**

E. Son buenas personas. Yo siento que han cometido errores, pero normalmente podemos hablar y solucionar las cosas.

A. Son una fuerza total para mí.

B. Son muy estrictos. Cuando era más joven siempre trataron de controlarme, especialmente con mis novios.

C. Yo los siento muy distantes, a pesar de que hago todo lo posible para obtener su amor.

D. Son un problema para mí, la verdad es que no me entienden.

9. **¿Cómo fue tu primera experiencia sexual?**

C. Rápida, vacía, frustrante.

D. Vergonzosa, me sentí muy culpable después.

A. Yo la disfruté mucho. Tuve la suerte de encontrar un compañero dulce y generoso.

E. No fue muy buena, pero la práctica sexual me ha permitido disfrutar con naturalidad.

B. Un completo desastre, lo único que quería era que se terminara.

10. **¿Cómo sientes tu cuerpo durante el sexo?**

B. A veces no me siento muy bien, creo que eso les pasa a todas, pero en general no tengo problemas.

A. Me gusta, siempre me dicen que soy muy sexy.

C. No me gusta verme al espejo.

E. En general me siento bien, pero no me entrego completamente, yo le digo a mi pareja dónde tocar.

D. Depende. Algunos días no puedo siquiera mirarme al espejo, mientras que otros me siento hermosa.

¿Cómo evaluar este ejercicio?

A partir de tu selección de las diferentes opciones, suma la cantidad de veces que elegiste cada letra; aquella letra que se presenta con mayor frecuencia representa tu principal tendencia sexual, por tanto es el patrón básico de tu personalidad sexual. Así tenemos personalidades tipo A, B, C, etc. Si tú perteneces al tipo A, entonces eres de las que llamamos "dinámica"; sin embargo nadie es totalmente una cosa, sino que tiene diferentes elementos, por eso te aconsejamos prestar atención a la segunda letra que apareció en tu escala de frecuencia, lo que te permitirá indentificar con mayor precisión cuáles son las pautas de tu personalidad.

A: La mujer dinámica

¡Eres muy afortunada!; tus amantes han sido buenos contigo. Tú has desarrollado una serie de respuestas sexuales muy saludables pues has superado la culpa y la ansiedad. Tu familia ha cooperado para tu desarrollo y apoyado tu autoestima. Tienes una buena imagen corporal, lo que te hace sentir bien y te da confianza en tus relaciones.

Para ti es muy importante una relación estable y bien definida en todos los aspectos, pues tú conoces tu cuerpo y disfrutas compartiéndolo con tu compañero. Tú tienes la capacidad de explorar tu cuerpo y ese sentido exploratorio seguramente se extiende a otros aspectos de tu vida. Por supuesto a ti te aburre hacer el amor con un hombre que no tiene tu misma creatividad sexual.

Por otro lado, no te sientes satisfecha con un hombre que no tiene un buen desempeño profesional o metas en la vida; un hombre pasivo es tan inadecuado para ti como uno intolerante y machista.

Si él quiere ser siempre "el jefe" o se muestra sorprendido si tú propones algún jugueteo especial, seguramente ese no es el hombre para ti; tú necesitas ser considerada y tratada como igual.

Algunas veces tú llevas la batuta en la cama, y a veces la lleva él, lo que te resulta satisfactorio y revela que no requieres dominar o ser dominada para sentirte bien.

Las mujeres dinámicas siempre están dispuestas para la aventura sexual, pero afortunadamente tienes la suficiente madurez para relacionarte solamente con hombres que te tratan como persona. Aunque eventualmente puedas tener fracasos en tus relaciones, eres capaz de superarlos con facilidad y encontrar nuevas relaciones que puedan ser exitosas.

B: La mujer emprendedora

Tus amigos te consideran maravillosa, aunque también agresiva. Tú te vistes y te arreglas para gustarte a ti misma y por lo mismo también logras llamar la atención, eres de naturaleza cazadora y te parece muy excitante el tener un hombre en la mira e ir tras él. En la cama eres muy asertiva, en el sentido de que no tienes problemas para indicar a tu compañero exactamente lo que necesitas; aunque también eres generosa y te gusta que tus amantes disfruten del sexo tanto como tú, pues te sientes orgullosa de haber cubierto todas sus expectativas.

Es posible que estés dispuesta a experimentar maneras muy sofisticadas de hacer el amor, y tus fantasías incluyen el llevar la dirección en el acto sexual.

Te sientes muy satisfecha con la imagen que proyecta tu persona en general y en particular con tu cuerpo, pues lo usas como un instrumento para dar y recibir placer. Tu relación con los hombres se basa en el respeto mutuo, pero tú puedes ser muy abierta y permisiva en el sexo, tanto como lo eres en otras áreas de tu vida. En general, buscas en el hombre un balance parecido al tuyo, capacidad para aceptar aventuras, pero una estructura personal sólida; esta forma de equilibrio en tu persona probablemente venga de una educación relativamente estricta, pero que se ha convertido en una base de seguridad que te permite arriesgarte en la vida sin temor a perder tu estabilidad.

En busca de la felicidad, en el sexo como en todo, partes de un amor a ti misma, lo que se manifiesta en respeto y autoestima, esto probablemente se te formó en una edad temprana y se ha convertido en la parte más positiva y dinámica de tu personalidad.

C: La mujer tranquila

Tú eres una persona básicamente tímida y eso se proyecta en las ideas que elaboras respecto del sexo y por supuesto en tus encuentros reales, en los que tiendes a inhibir tus emociones.

Tú disfrutas del sexo, pero con mucha frecuencia generas una sensación de vergüenza, por lo que difícilmente te entregas completamente, pues eso haría que te sintieras insegura. Es muy probable que tengas fantasías sexuales muy elaboradas, pero si eso no lo hablas con tu pareja se quedará en tu imaginación y te sentirás cada vez más frustrada. Para obtener una verdadera realización sexual anímate a decirle a tu amante exactamente lo que te gustaría hacer en la cama, especialmente durante el sexo, concéntrate en lo que estás haciendo para identificar tus sensaciones y emociones; de esa manera podrás ir elaborando poco a poco tus propias estrategias para llegar a grados más intensos de placer y a la plenitud del orgasmo.

Existe todo un mundo de satisfacción para ti, solamente tienes que creer en ello y en que eres capaz de lograrlo. El tipo de hombre que deseas y que te conviene es aquél que puede escucharte y ayudarte a salir de ti misma. Tú disfrutas con la masturbación, aunque te sientes un poco avergonzada por practicarla; pero piensa que tu cuerpo es totalmente tuyo y puedes hacer con él lo que te plazca, no hay ningún problema en que te satisfagas a ti misma.

Lo que en tu caso es muy importante es que recuerdes siempre que el sexo es algo profundamente satisfactorio y no tiene nada de malo; lo único que tienes que hacer es relajar tu mente y tus músculos y gozar de su infinita variedad. Recuerda que debes aprender a comunicarte con tu pareja, contando con su ayuda para encontrar los mejores caminos para el conocimiento de ti misma, hasta que logres una buena relación entre tu cuerpo y tu mente.

D: La mujer romántica

A ti te encanta todo aquello que parece sensitivo y expresa cariño, es por ello que tu imagen es la de una persona muy sensible y femenina. Seguramente a ti te gusta probar nuevas marcas de perfume, usar lencería muy delicada y que te regalen flores con frecuencia. Sin embargo, todo esto representa una manera de ver la vida y el sexo como símbolos, y no como realidades, lo que puede producir la inhibición de conductas y deseos que pudieran considerarse poco sublimes, pero que son parte de una vida sexual más amplia e intensa. Permite que tu pareja explore cada centímetro de tu piel; concéntrate en las sensaciones físicas y no te niegues a probar nuevas formas de excitación sexual; con el tiempo encontrarás que el cuerpo tiene sus propias necesidades y que éstas poco tienen que ver con el romanticismo y mucho con la sensación de libertad y autorrealización.

A ti te encanta "cautivar" a los hombres y eso está bien, debes considerarlo como un juego amoroso que es válido en sí mismo, por lo que no hay necesidad de validarlo en la cama. Para ti es muy satisfactorio el cortejo y el romance, el flirteo es tan excitante como el sexo mismo, por eso buscas el tipo de hombre que es capaz de responder a estas iniciativas y se emocione tanto como tú.

En cuanto a la elección de tu pareja, prefieres a los hombres que tienen una profesión bien definida y un proyecto de vida claro. Las mujeres como tú son muy generosas por naturaleza y muy espirituales, porque sólo aceptan la relación con hombres que posean esas mismas cualidades.

E: La mujer pragmática

Tú eres una persona muy compleja, se te podría interpretar como la combinación de varias personalidades sexuales, pero con dos características principales: no te da miedo experimentar y obtienes un placer mesurado en la cama.

Tú valoras mucho tu experiencia en la vida, tus vivencias te han enseñado mucho, así que eres una mujer práctica que piensa que una buena relación requiere tiempo para madurar, por lo que administras tus actitudes, tus sentimientos y hasta tus sensaciones, en espera de que se cumplan todos los requisitos para la completa satisfacción.

Aunque consideras que el sexo es importante, ello no condiciona tu vida, por lo que algunas veces te permites una relación efímera o ligera, marcada por los convencionalismos, pero te planteas como un ideal de hombre el que te demuestra amor, tanto en la cama como en otros aspectos de la vida.

Te gusta el romance y los juegos de flirteo, pero esto resulta secundario, pues lo más importante es que el prospecto de amante sea seguro en sus sentimientos y te demuestre respeto, por lo que un hombre que te trate mal no tiene posibilidad alguna.

Tu mayor problema es que fácilmente puedes caer en una práctica sexual estereotipada y rutinaria, que va de acuerdo con tu orientación pragmática. Tal vez te parezca ridículo jugar como niños en la cama o tomar el riesgo de experimentar cosas nuevas con alguien que ya es tu pareja; pero ten siempre presente que el sexo es algo vivo y cambiante y que es necesario que tenga siempre vigencia para que la pareja permanezca unida.

❖ ¿Qué es lo que las mujeres desean de los hombres?

Antes que nada, presentaremos los testimonios de algunas mujeres, que nos hablan de lo que ellas sienten como errores de los hombres en las relaciones sexuales.

> "La mayoría de los hombres piensan que las mujeres tenemos solamente tres zonas erógenas: dos pezones y un clítoris, así que se la pasan jugando con tus pechos y entre tus piernas creyendo que con eso te harán vibrar; pero olvidan el cuello, la espalda, el ano, y en general todo el cuerpo, porque las mujeres no somos solamente genitales"
>
> *Nadia*

> "En mi caso, el que yo tenga un orgasmo o no depende en un noventa por ciento de que esté bien lubricada; no importa si él usa uno de esos tubos de la farmacia o su propia saliva, pero muchas veces se olvida de mantenerme húmeda".
>
> *Lisa*

"Los hombres piensan que lo que es bueno para ellos también lo es para nosotras; en especial no se dan cuenta de que al trabajar con el clítoris es mejor tocar con suavidad y no con energía".

Jane

"Muchos hombres piensan que el orgasmo de la mujer es algo que simplemente ocurre en algún momento sin que ninguno de los dos se lo proponga; si ellos se tomaran el trabajo de estudiar un poco el cuerpo y la mente de la mujer entenderían nuestros orgasmos de otra manera".

Carolyn

"Los hombres no entienden que lo que importa es el clítoris, no la vagina. Si se atiende el clítoris antes que nada todo lo demás responde perfectamente".

Emma

"El sexo no es una carrera. Yo les diría a los hombres que se tardaran mucho en el proceso de excitar a su pareja, y cuando piensen que ya se encuentra a punto, que sigan trabajando otro rato".

Rachel

"Mi idea de una buena realización sexual es el logro de un primer orgasmo, producido de manera oral o manual, antes de intentar la penetración".

Lois

"Las mujeres no tenemos una excitación tan rápida como la de los hombres; nosotras necesitamos estar emocionalmente preparadas para entrar en el sexo".

Anna

❖ El mejoramiento del jugueteo sexual

Muchas parejas de recién casados pasan los primeros meses de su vida conyugal en medio de caricias y besos, como viviendo en un sueño; pero en poco tiempo su erotismo ya no se manifiesta en la cotidianidad, sino que se reduce a la cama, muchas veces sin ningún juego previo.

Es frecuente que las mujeres que llevan tiempo de casadas sientan que ya no es necesario el manoseo y el jugueteo para entrar en el asunto e incluso creen que esto puede disgustar a su pareja, pues los hombres pueden "levantarse" muy rápidamente, por lo que la mujer pudiera sentirse egoísta si atiende a sus propias necesidades y propone un "trabajo" de media hora o más, considerando que en ese tiempo ella se podría "poner a tono".

La verdad es que tanto para el hombre como para la mujer, es conveniente un proceso largo de excitación para llegar al momento climático en la mejor disposición y obtener del sexo una experiencia realmente satisfactoria. Claro que a todos nos encanta el "rapidito" de la mañana; pero lo que realmente nos interesa es una relación intensa y plena, lo que requiere tiempo de preparación.

El proceso físico y psicológico del "despertar" es diferente en el hombre y la mujer, aunque el principio de la excitación es el mismo, pues en ambos casos la sangre comienza a correr más rápido e irriga zonas específicas, pero los efectos de esto son muy diferentes, puesto que en el caso del hombre la sangre se concentra rápidamente en su pene, produciéndole una erección, con lo que él se considera listo para el sexo, pues la sensación se encuentra claramente localizada y se produce una necesidad neurológica de excitar las terminales nerviosas del pene por medio de la fricción; en otras palabras, lo que él desea es "meterlo" de inmediato.

Para las mujeres, la difusión de la sangre es más amplia, por lo que sus sensaciones también son difusas en un principio. Después de cumplir su primera tarea, que es la lubricación de la vagina, la sangre comienza a irrigar otras zonas que llamamos "erógenas" y que no se encuentran activadas todo el tiempo, sino que se despiertan precisamente en el transcurso del jugueteo sexual al ser alimentadas por una cantidad extra de sangre, por lo que esas áreas se vuelven más sensitivas al tacto y el erotismo se extiende por todo su cuerpo, haciendo que hasta una caricia en su pelo sea en extremo placentera. En pruebas científicas se ha constatado que la más fría de las mujeres es más sensible que el más sensitivo de los hombres si se encuentra debidamente estimulada, aunque no se sabe si este es un fenómeno puramente biológico o principalmente psicológico y social, puesto que a los hombres se les educa en la represión de su sensibilidad, considerando que eso es algo básicamente femenino.

Sin embargo, asumiendo la diferencia actual de los sexos en lo que se refiere al despertar del proceso erótico y tomándola como un hecho, se disipan muchas confusiones y se pueden manejar las cosas de una manera más refinada y eficaz.

Muchos hombres creen que el despertar de las mujeres es parecido al suyo propio, así que ellos manipulan el clítoris de su compañera como si fuera un pene pequeño, creyendo que de esa manera están proporcionando el mismo placer que ellos sienten al ser manipulados o al masturbarse. Por otro lado, las mujeres no pueden entender por qué los hombres van directo a sus genitales en vez de solazarse con todo su cuerpo y se sienten un poco rechazadas cuando no reciben la suficiente atención a su cuerpo, tanto en amplitud como en tiempo.

> "El juego sexual previo a la cópula es muy importante para ponerme a tono sexualmente, pero más que eso, es una demostración de afecto y comprensión que yo necesito para sentirme completa".
>
> *Kerry*

Las "insinuaciones"

De lo anterior se desprende algo fundamental: ¿Cómo hacer que tu amante te trate como tú quieres? Lo primero que hay que tomar en cuenta es que a nadie le gusta ser considerado incapaz en el sexo, y en especial los hombres son muy sensibles a la crítica por parte de sus compañeras, por lo que siempre debes actuar con muchísimo tacto.

Es una gran verdad el que "los actos dicen más que las palabras", y esta es la primera recomendación de los terapeutas sexuales: indícale a tu compañero lo que te gusta, manifestando con toda claridad el placer que te causa con cada toque o manipulación; esto lo puedes hacer a base de un lenguaje de sonidos o movimientos. También aprende a reconocer las señales que él te manda y con el tiempo ambos tendrán un verdadero código de comunicación íntima, algo así como un "lenguaje de cama".

> "Cuando él hace algo que no me gusta, yo no dejo que siga en eso, me doy la vuelta y con mis actitudes sugiero otra cosa. Cuando está haciendo algo que me gusta yo ronroneo como los gatos y él entiende que va bien por ahí. Los hombres fincan su orgullo en creerse buenos amantes, por lo que les gusta mucho que la mujer disfrute, cuando sienten que una está gozando realmente, ellos también se excitan".
>
> *Jane*

Otra técnica que podemos emplear es el tomar su mano con delicadeza y guiarla por las áreas en que deseamos ser acariciadas, o murmurar a su oído frases que refuercen su autoestima cuando está haciendo algo que nos gusta, por ejemplo diciéndole ¡eres fabuloso! o ¡me vuelves loca!, con lo que él tenderá a realizar las mismas cosas, pues las incorpora a su "arte amatorio".

> "Mi novio me dice de broma que él ha llegado a conocerme bien por medio del 'mmmoommómetro', pues yo hago un sonido como ese cada vez que me toca en los sitios que me gusta, y mientras más me gusta lo hago más largo, por lo que para él es una verdadera medida de mi placer".
>
> *Suzanne*

Puesta en escena

Otra manera de establecer las pautas del jugueteo sexual sin herir al compañero es plantear el caso en un ambiente no-sexual, esto es, fuera de la recámara y en momentos en los que no hay excitación de por medio. Nunca debes caer en el error de plantear tus frustraciones inmediatamente después del sexo, justo cuando él descansa en medio de sus ensoñaciones, pues resulta inevitable que él lo tome como un reproche y se sentirá herido en su orgullo. Las cenas íntimas con vino, la tarde en el sofá frente a la chimenea o los paseos por el parque son los momentos ideales para hablar de esas cosas.

> "Cuando yo comencé la relación con mi pareja actual, él solamente adoptaba la posición tradicional. Hasta que fuimos a pasar un fin de semana al mar. En uno de nuestros paseos caminábamos de regreso al hotel tomados de la mano, y entonces se me ocurrió decirle que ese lugar era maravilloso y tan diferente de la ciudad donde vivíamos que invitaba a hacer cosas diferentes, por lo que con toda naturalidad le pedí que al llegar a nuestra habitación hiciéramos el amor de diferente forma. Él inmediatamente aceptó la idea, pues también tenía ganas, pero no se había atrevido a plantearlo por temor a que yo me ofendiera".
>
> *Julie*

Hay muchos caminos que puedes tomar para sugerirle cambios en su actitud sexual, tal vez llevarlo a ver una película en la que tú sabes que se presentan escenas de amor que pudieran tomarse como modelos, un pasaje de novela o un libro de sexo en el que se presenten ciertas técnicas que te interesan; para después "jugar" a hacer cosas parecidas. Tal vez podrías contarle un sueño erótico que tuviste, de manera que él entienda tus íntimos deseos; o pedirle que te cuente sus propios sueños; seguramente él también quiere decirte muchas cosas, pero no se atreve.

Grandes expectativas

El reconocer tus propias ataduras e inhibiciones es una de las mejores maneras para abrir el camino de la comunicación.

> "Mi novio tenía ciertas reticencias para practicar el sexo oral conmigo. A veces lo iniciaba pero se retiraba con mucha rapidez, lo que a mí me resultaba verdaderamente frustrante. Así que yo le dije que me gustaría hacérselo a él, pero que necesitaba que él mismo me diera la suficiente confianza, pues mi educación me inhibía en ese sentido; por supuesto él me animó a hacerlo y también rompió sus prejuicios; desde entonces el sexo es mucha más satisfactorio para nosotros".
>
> *Tricia*

Hay una regla importante que siempre debes recordar: cuando pidas que tu pareja cambie algo de su conducta sexual, también tú debes estar dispuesta a hacer cosas diferentes. Si tú quieres que él afine sus artes de jugueteo previo, también debes trabajar sobre tus actitudes amatorias en esta etapa de la excitación. Si las cosas no salen tan bien al principio, no desesperes, el amor es como cualquier otro arte, requiere paciencia y ejercicio; la práctica en sí misma es disfrutable, pero más aún si conduce poco a poco al virtuosismo.

Los juegos favoritos

Ahora presentamos las confidencias de algunos hombres y mujeres que nos cuentan acerca de aquello que los "enciende".

> "A mí me gusta hacer el amor con casi toda mi ropa puesta, o ser desvestida poco a poco por mi amante. Cada prenda que me quito es como si apareciera una nueva faceta de mi cuerpo, por lo que la excitación crece y se vuelve más rica y variada".
>
> *Paula*

> "Yo me caliento mucho con los besos, sobre todo cuando son largos y profundos. En los primeros tiempos con mi actual compañero, nos pasábamos horas besándonos; ahora eso se ha reducido a los encuentros y despedidas, con lo que creo que hemos perdido mucho".
>
> *Kathy*

> "Yo me excito mucho pensando que mi pareja viene a mi oficina y hacemos el amor encima del escritorio".
>
> *Mark*

"Me gusta jugar con ella mucho tiempo; ella acaricia mi pene y yo suavemente su clítoris. Es muy bueno eso de tomarlo con calma y no tener ninguna prisa, todo se vuelve más placentero".

Brian

"Yo disfruto mucho desnudando poco a poco a mi pareja".

Tessa

"Me encanta besar la parte trasera de los muslos de mi compañero; él también se excita mucho con eso".

Rachel

"Me gusta que ambos estemos desnudos en la cama abrazándonos y acariciándonos lentamente".

Clara

"Es muy agradable que nos demos un largo masaje uno al otro con aceites aromáticos; pero solamente cuando es cálida la habitación, cuando hay frío, yo no puedo excitarme".

Jasmine

En el capítulo 7 daremos otros consejos que te podrían funcionar, además de unos magníficos ejercicios.

Capítulo 4

Auténtico Sexo y Plena Satisfacción

- ¿Realmente conoces tus más íntimos deseos? ¿Estás segura de que no tienes prejuicios?

- La relación entre la intimidad y la pasión. Y cómo manejarlas para obtener el orgasmo

- Lo que se puede y no se puede en el sexo oral. Técnicas para obtener el máximo placer.

"Yo siempre alcanzo el orgasmo en el sexo oral. La penetración también me gusta, pero yo tengo que estar arriba para llegar al orgasmo".

Rita

"Yo he tenido seis amantes, pero sólo he sentido orgasmos con uno de ellos. Yo creo que fue porque todos los demás fueron ocasionales y a mí me gusta más dar que recibir. Afortunadamente ahora tengo una pareja permanente, o al menos de largo plazo".

Anna

❖ Descúbrete a ti misma

¿Cuál es tu placer potencial?

Este pequeño ejercicio te ayudará a descubrir tu potencialidad para el orgasmo. Lee las preguntas y elige la respuesta que más se identifique con tu sensibilidad. Si dos respuestas te parecen válidas para ti, marca las dos.

1. **Si algunas veces tienes sexo sin desearlo, realmente ¿por qué lo haces?**

   ♣ Tú crees que una vez metida en el asunto, te vas a excitar y lo disfrutarás.
   ♦ ¿ Tu novio lo desea y tú no quieres que se moleste contigo.
   ♥ Para ti el sexo es fácil, no tienes por qué negarte.
   ♠ Te sientes necesitada de afecto.

2. **En términos físicos, ¿en qué momento sientes que ha comenzado la exitación?**

   ♦ Cuando tocan tus genitales o tus senos.
   ♥ Te sientes excitada con el solo pensamiento de que vas a tener sexo.
   ♠ Con el primer beso.
   ♣ Cuando él pasa su brazo por tus hombros, te toma de la mano o te toca de una manera que no es propiamente sexual.

3. **¿En que situación te gusta masturbarte?**

- ♠ Solamente cuando estás sola y segura de que nadie te verá, como en el baño o en tu cama.
- ♥ Te gusta hacerlo sola, pero también frente a tu pareja, pues eso los excita a ambos.
- ♦ ¿ Lo has hecho pocas veces, y siempre sola.
- ♣ Normalmente lo haces sola, pero a veces con tu pareja, en el momento de máximo placer y para llegar al orgasmo.

4. **¿Tienes orgasmos durante el sueño?**

- ♠ No llegas al orgasmo, aunque a veces tienes sueños eróticos.
- ♣ Tú crees haber logrado orgasmos durante el sueño, pero no estás segura.
- ♦ No, definitivamente nunca los tienes.
- ♥ Sí, frecuentemente.

5. **Tus fantasías sexuales son:**

- ♣ ¿Profundamente escondidas en tu memoria, pero muy vívidas cuando las logras evocar?
- ♦ ¿ Románticas y bellas, con sexo y boda?
- ♠ Muy variadas, incluso algunas veces fantaseas que estás haciendo el amor con otro cuando en realidad te encuentras con tu pareja.

- ♥ Muy vagas, no te puedes concentrar en ellas, desaparecen rápidamente.

6. **¿Te das cuenta cuando realmente necesitas sexo?**

- ♥ Sí, lo sabes perfectamente, tu cuerpo te lo dice.
- ♠ Más o menos; te sientes tensa y nerviosa, pero después de hacer el amor te das cuenta de que era eso lo que te faltaba.
- ♦ ¿Tú no crees que el sexo sea una real necesidad para ti?
- ♣ Tú piensas que algunas veces lo necesitas, pero no reconoces las señales en tu cuerpo y tu mente.

7. **¿Es el orgasmo una experiencia que involucre todo tu cuerpo?**

- ♣ Sí, en el clímax tú sientes que vibras de la cabeza a los pies.
- ♠ No, pero lo sientes con gran intensidad en tu área genital.
- ♦ ¿A veces sientes algo en todo tu cuerpo, pero no estás segura de que eso sea realmente un orgasmo?
- ♥ Sí, incluso tú puedes tener un orgasmo cuando tocan tus senos u otras partes de tu cuerpo en vez de tus genitales.

8. **¿Cómo manejas el estrés?**

♠ Tú generas mucho estrés en el trabajo o reuniones sociales, y entonces te resulta difícil concentrarte en el sexo.

♦ ¿Normalmente tú encuentras el tiempo para entrar en tu interior y te calmas escuchando música o por medio de técnicas de relajación?

♣ Tomas un baño caliente y aprovechas para acariciarte y consentir tu propio cuerpo.

♥ Acudes a masajes, tratamientos faciales o corporales.

9. **¿Qué tanto hablas de tu vida sexual con tu pareja?**

♠ No mucho, y nunca fuera de la recámara.

♦ ¿Nunca. Crees que no necesitas hacerlo?

♥ Hablas durante el sexo, comentando lo que te gusta hacer.

♣ Pocuras tratar el tema durante una plática delante de una copa, especialmente si sientes que las cosas no marchan bien.

10. **Cuándo comienzas una relación sexual con alguien, ¿cómo te sientes?**

♣ Satisfecha, conectada, ilusionada.

♥ Sensual y excitada.

♦ ¿Atractiva y con un nuevo encanto social?
♠ Orgullosa, presumida.

Evaluación

♠

Ocasionalmente alcanzas el clímax cuando haces el amor, por lo que tú eres definitivamente orgásmica, pero te resulta muy difícil alcanzar un alto grado de excitación con tu pareja. El orgasmo es como el betún del pastel para ti, pero no la masa de pan; tú sabes cómo llegar a él, pero no lo logras con la frecuencia deseada. Te gusta jugar a lo seguro, por lo que sólo aceptas el sexo cuando realmente lo sientes, y posiblemente prefieras las rutas ya conocidas en vez de experimentar algo nuevo, con lo que te pierdes muchas oportunidades eróticas. ¿Por qué no te dejas convencer por tu pareja y aprovechas el momento?

Es conveniente que recuerdes que el placer sexual no tiene por qué reducirse a los genitales ni comenzar por ahí, es incluso más excitante y más fácil conseguir un orgasmo trabajando en otras partes de tu cuerpo, así que debes comenzar a pensar y usar en tu cuerpo como una unidad total desde el inicio de la relación, lo que te dará mayor confianza y te llevará al máximo placer.

Trata de confiar más en tus sensaciones para identificarlas y manejarlas desde tu propia sensibilidad;

no intentes comparar tus orgasmos con los de otras mujeres; es fácil pensar que los de ellas son mejores y entonces te sentirás frustrada. Es lógico que te resulte difícil pedir a tu pareja lo que quieres, porque eso es vergonzoso para ti.

Olvídate de las imágenes que están en tu cabeza o las que has visto en el cine, donde las estrellas de la pantalla tienen orgasmos espectaculares, la vida real no es así; si tú descubres tu rostro ruborizado y una sensación de descanso en todo tu cuerpo, lo más probable es que hayas tenido un orgasmo, aunque de baja intensidad, porque tú no te permites incrementar la sensación.

Simplemente déjate ir, a los hombres les encanta eso y ellos piensan en la celulitis mucho menos de lo que tú te imaginas. Debes darte tiempo para explorar la parte sensual de tu personalidad, lo que no es necesario que hagas por medio de la masturbación. ¿Por qué no premiar a tu cuerpo con cremas y masajes? así estarás más en contacto con el erotismo que hay en ti y se intensificará tu placer sexual.

♥

Tú eres perfectamente orgásmica y lo disfrutas al máximo. Te conoces muy bien, por lo que debes compartir ese conocimiento con tu pareja, muéstrale todos tus caminos para llegar al orgasmo, tanto las vías rápidas como las cortas; eso le permitirá sentirse mejor y excitarse él mismo al máximo, además de que aumentará considerablemente su nivel de comunicación en todo sentido, ayudando a la elaboración de orgasmos en los que intervenga tanto la mente como el cuerpo.

Es muy probable que tú experimentes orgasmos que involucran todo tu cuerpo, lo que te hace extremadamente sensual; eso es maravilloso, pero también te puede producir un sentimiento de orgullo que fácilmente se transforma en intolerancia, por lo que a veces te puedes mostrar demasiado exigente con tu pareja y colocar el centro de tu atención en tu propio orgasmo, con lo que descuidas el afecto que debes a quien te lo provoca. Esta orientación de tu personalidad puede convertirte en una mujer "peligrosa" para los hombres, en tanto que pareces excesivamente demandante y no permites que ellos busquen también su propia satisfacción .

También es posible que tú establezcas relaciones a largo plazo, dado que para ti es más excitante la relación ocasional que sea estrictamente de índole sexual. Es conveniente que examines tus necesidades emocionales y descubras qué es lo que te puede dar una relación más allá de lo sexual.

♣

El reconocer tu capacidad de tener orgasmos da excelentes resultados en tu relación, pero podría llegar a ser mejor, ya que hay días en el mes donde estás más "orgásmica". Algunos terapeutas sexuales creen que el Síndrome Premenstrual ayuda a liberar energía sexual, así que antes de que inicie tu periodo, es un excelente tiempo para poder explorar el potencial de tu cuerpo para lograr el orgasmo. Asimismo, intenta tener una mayor comunicación en la cama con tu pareja. Generalmente, tiendes a guardar este tipo de pláticas para cuando haya problemas, y jamás haces nada por resaltar lo positivo.

A los hombres les encanta saber que están haciendo bien las cosas y que logran hacernos sentir bien. Por lo general, eres una amante afectiva y abierta; no tienes trabas psicológicas sobre el sexo y te fascina sentirte de esta forma. Por lo que respecta a las fantasías sexuales, quizá pienses que las tuyas son bastante reales una vez que las has logrado.

Sería bueno que las compartieras con tu pareja. Tus respuestas muestran un crecimiento sexual y confianza, así como voluntad para tener nuevas experiencias. Explora esta parte de tu personalidad y podrás disfrutar de nuevas y emocionantes sorpresas.

♦

Como muchas mujeres, probablemente tú no estés segura de sí realmente has tenido un orgasmo; esto es más común de lo que crees y no hay por qué entrar en pánico por ello, pues muchas veces es precisamente el miedo a no tener orgasmos lo que impide tenerlos. Recuerda que cada mujer y cada orgasmo son diferentes. A lo largo de este libro leerás diferentes relatos que provienen de mujeres tan reales como tú; algunas describen sus orgasmos como algo muy intenso, mientras que otras lo sienten como una sensación agradable y pacífica; otras más nos dicen que ellas tienen diferentes tipos de orgasmos, dependiendo de la clase de estímulos que reciban, o de sus estados de ánimo.

Así que para descubrir tus propias cimas de placer, trata de explorar tus zonas erógenas. Toma el capítulo tercero como una orientación para el jugueteo sexual, y el capítulo cinco para conocer cómo se masturban las mujeres de carne y hueso, y por qué lo hacen.

Es un hecho que el 99 por ciento de las mujeres son orgásmicas, sólo que a la mayoría les cuesta trabajo descubrirlo y algunas nunca se dan cuenta de que pueden tener orgasmos y a pesar de ello viven felices. Tus respuestas revelan que tú te sientes sexy y atractiva para tu pareja; pero para ti es difícil lograr la conexión mente-cuerpo que requiere el sexo orgásmico. Normalmente estás tan ocupada tratando de que él encuentre la satisfacción que no escuchas el llamado de tus propias necesidades.

Eres tan sensible a los reclamos de tu pareja que te has acostumbrado a sentir más bien como el reflejo de lo que él siente y no como una persona independiente. Tú amas la intimidad y la relación sexual, pero tal vez has generado la noción de que el sexo en su máxima intensidad es algo que se presenta por sí solo y cuando debe presentarse, sin que se tenga que hacer algo al respecto.

La verdad es que el sexo no es algo que se encuentre separado de los demás aspectos de tu vida y requiere el mismo tipo de atención, cultivo, dedicación y trabajo que otorgas a otras actividades que conforman la expresión de tu personalidad. El "gran sexo" toma tiempo, pero es el sustento de una relación a largo plazo, tú necesitas cultivarlo con paciencia, pero también con empeño, y sobre todo con mucha confianza en ti misma. Por otro lado, debes pensar que una relación apacible, tranquila y desprovista de riesgo puede ser buena, pero también muy aburrida, por lo que no se puede pensar que ese sea el camino para una relación permanente. El sexo es uno de los principales problemas a resolver por ambos participantes en el juego del amor, pues ambos fundan sus expectativas en ese potencial de placer y realización. Una vez que descubras y asumas tu capacidad orgásmica y reconozcas este clímax cuando te haya sucedido, estarás en el camino para lograr esa vida sexual que has soñado.

❖ Intimidad-Pasión

Cuando se habla de intimidad en una pareja, se presupone que ambos tienen tanta confianza el uno en el otro como para compartir sus deseos más secretos, lo que por supuesto conduce a mejorar sus capacidades orgásmicas.

> "La actividad sexual que tengo con mi novio actual es lo mejor que me ha pasado en la vida. Ahora es totalmente diferente que con los demás porque confiamos el uno en el otro. Yo sé que él me ama, por lo que con él me siento completamente cómoda y relajada. Cuando tenía relaciones de una noche con alguien yo no me sentía con la libertad de expresar lo que realmente me gustaba en el sexo y mucho menos sugerir cosas, por lo que no era frecuente que sintiera orgasmos".
>
> *Lisa*

Cuando establecemos una relación de largo plazo con un hombre, las mujeres nos dividimos en dos tipos: las que piensan que la relación permanente es mejor para el sexo, por un lado, y las que piensan que una pareja a largo plazo necesariamente se volverá aburrida, por el otro lado. Es común que en el cine se presente como lo más excitante el sexo que ocurre de manera muy espontánea y entre personas que prácticamente se acaban de conocer.

> "El amor y el sexo son incompatibles. Lo mejor para sentir realmente es tener sexo con extraños,

de preferencia que sean mudos o que hablen un idioma que no entiendas".

Juliette

Por el contrario, en el planteamiento cinematográfico, la relación a largo plazo se presenta como algo seguro y confortable... pero indudablemente aburrido. También en este caso la vida real es diferente. Puede considerarse que es una regla general que en la medida en que se logra una relación íntima, en la que tu pareja se vuelve tu mejor amigo además de tu amante, el sexo puede llegar a ser una maravillosa experiencia y algo verdaderamente creativo.

La gran diferencia entre aquella persona con quien compartimos la vida y un amante ocasional es que con el segundo tenemos más actitudes de censura de las que nos damos cuenta, lo que se manifiesta en cosas triviales, como el no hacer mucho ruido en la cama o el tener miedo de roncar si nos quedamos dormidas; pero también en cosas realmente importantes, como el sugerir nuevas posiciones o alguna conducta especial, por el temor a lo que él pudiera pensar de nosotras.

La verdadera intimidad te permite expresarte con libertad y ser más audaz en la cama. ¿Alguna vez has fantaseado con ser atada de manos durante el sexo? pues en la intimidad con tu pareja puedes sugerirlo con naturalidad y no hay problema. ¿Te gustaría recibir un largo masaje antes del sexo?; eso solamente se lo puedes pedir al hombre con quien vives y no a aquel con quien solamente te acuestas.

Escuchemos lo que dice Becky: "Tony y yo nos aceptamos completamente uno al otro; es por ello que podemos ser tan sinceros e imaginativos en la cama, pues ninguno de los dos tiene ya nada que fingir ni que ocultar, podemos hablar de lo que nos gustaría hacer, planearlo y hacerlo realmente. Eso es lo que nos lleva a los más altos niveles de placer, cada día que pasa nos entendemos mejor y somos un poco más salvajes, pero más felices".

Por supuesto, el placer que obtienes en el sexo con tu pareja hace que los demás aspectos de su vida en común resulten también satisfactorios. Rebeca nos cuenta cómo era su vida sexual antes de conocer a su novio actual: "Yo tenía muchas relaciones, pero de corto plazo, a veces de una sola noche. Era un contacto humano y encontraba en ello una cierta satisfacción, pero la mayoría de las veces me quedaba fría y frustrada. Si el sexo no había funcionado bien, yo me sentía más sola que antes, como si no hubiera tenido la relación con aquél muchacho. Yo deseaba hacer el amor con todo mi cuerpo, con todos mis órganos, incluyendo mi cerebro y mi corazón, no solamente con mis órganos genitales".

Todos los expertos coinciden en la opinión de que mientras más se conoce a una persona resulta más amplia y misteriosa su personalidad sexual; cada vez se abren más territorios inexplorados en la sexualidad de los amantes, poco a poco se abren nuevas posibilidades para estimular aquellos puntos del cuerpo y de la mente que estaban dormidos y que es posible y deseable despertar. Esto nos lleva a la decisión de usar la imaginación en el sexo más que en otras cosas, para conocernos mejor y encontrar la plena satisfacción con nuestra pareja.

Por otro lado, la familiaridad con el toque, el aroma, la voz y en general la personalidad de tu compañero sexual permanente es muy importante para la verdadera expresión de la sensibilidad. Los sexólogos están de acuerdo en que el olor es uno de los elementos más importantes para la identificación sexual; en realidad no nos damos cuenta conscientemente, pero el aroma de unas personas nos atrae mientras que el de otras nos repele.

Se han hecho pruebas con camisetas que se dan a vestir por unas horas a diferentes personas, entre las cuales se encuentra la pareja del encuestado, al presentarle las camisas y pedirle que descubra la que fue usada por su amante, la persona procede a olerlas y generalmente acierta en su elección. Esta identificación de aromas no podría darse en relaciones ocasionales, es el efecto de la convivencia. Normalmente no estamos conscientes de que existe todo un lenguaje de aromas entre los amantes.

La vivencia de la intimidad también tiene efectos positivos en el conjunto de tus relaciones, con tus amigos, familia, compañeros de trabajo. Cuando tienes una pareja estable tu vida se vuelve más sólida y no te encuentras al garete en medio del azar; tienes alguien que te ayuda a navegar con seguridad por la vida y te facilita la superación de los problemas; pero sobre todo tienes la fe y la confianza en alguien que te permite ser como eres y te seguirá amando. Nada hay más erótico en el mundo que la fidelidad.

❖ ¿Por qué nos gusta tanto el sexo?

"Yo no veo al sexo como algo emocional, para mí es completamente físico, lo que se busca es el placer. Yo estoy muy de acuerdo en la manera como se maneja el sexo en la actualidad, pues se trata como un deporte; puedes tomar el *Kama Sutra* y probar todas las posiciones sin que eso te haga sentir mal o moleste a tu compañero; ese continuo probar es lo mejor del sexo".

Sharon

"A mí me gusta todo lo que pueda excitarnos a los dos, incluso el decir malas palabras durante la relación o el irte quitando la ropa lentamente delante de alguien con quien estás por primera vez. Pero lo mejor es cuando tienes relaciones con alguien que realmente amas; las sensaciones se convierten en sentimientos y eso es definitivamente algo superior".

Louise

"Yo soy una persona muy sensible y hasta 'mimosa'; me gustan los besos y abrazos que expresan cariño antes, durante y después del sexo. El sexo como un deporte me deja tan estresada como antes; prefiero ir al gimnasio".

Joanne

"Me encanta que me acaricien los pies; los besos en el cuello me producen ensoñaciones muy agradables. A mí me gusta más el sexo en la tarde, sobre todo cuando no es algo planeado, sino que surge por la emoción del instante, pero eso es difícil de lograr con alguien nuevo, se necesita una compenetración de ambos".

Mandy

"Yo disfruto mucho los juegos eróticos previos al verdadero sexo, me gustan los besos largos y las caricias. Pero lo más agradable es esa sensación como de flotar que siento después del orgasmo, nada se le puede comparar".

Marie

"Yo soy muy romántica y me encanta el sentirme tan cerca de alguien que realmente no existe un espacio físico o mental entre nosotros. Cuando me siento así es como si no existiera otra cosa en el mundo sino solamente nosotros. Esta clase de experiencia sexual es rara, pero inolvidable".

Anna

"Me sorprende la manera como la intimidad y el placer se complementan y hacen que todo se vea en la justa perspectiva. No importa qué tan cansada o estresada me sienta, el sexo levanta mi espíritu y me da la perspectiva de que la vida no es tan mala, después de todo".

Tess

"Las zonas erógenas más sensitivas se encuentran en la parte superior de mi cuerpo. Me encanta que me toquen en todo el cuello, en el rostro y en los hombros. El sexo es mucho mejor con alguien a quien realmente quieres y conoces muy bien, porque siempre sabes lo que va a pasar, e incluso sabes que puedes mejorarlo".

Jean

"Me gusta hacer mis propias mezclas sexuales. Cuando tienes todo el tiempo del mundo para pasarlo en la cama, el sexo se convierte en el platillo principal de un banquete que es la vida. Mi pareja y yo incluso preparamos comida para llevarla a la cama, lo que hace que todo se vuelva una fiesta".

Julie

"Me gusta que me digan malas palabras y cosas 'sucias' en los preparativos del sexo, lo que para mí es más estimulante que el sexo mismo. Lo que también me excita mucho es el que me besen con suavidad en los pezones o el trasero".

Emma

❖ Sexo oral

Los placeres y las técnicas

A pesar de la gran apertura de la vida actual, el sexo oral sigue siendo un tema delicado. A muchas mujeres les encanta la lengua de sus amantes, otras lo practican con muchas reticencias, y otras no lo hacen nunca. De cualquier manera, a todas nos produce una ambivalencia de sentimientos la simple idea de tener la lengua de nuestro compañero precisamente en la vagina, por lo que en vez de abandonarnos al placer que esto nos provoca, nos pasamos el tiempo preguntándonos si esto es "correcto", no sólo en un sentido moral, sino como parte de nuestra relación, porque muchas veces creemos que él lo está haciendo solamente por complacernos y tal vez le produzca náuseas el olor y el sabor.

Pero en realidad esta clase de lucubraciones son completamente ociosas, si tú simplemente te relajas y lo gozas, podrás darte cuenta, como muchas mujeres lo han hecho, de que el sexo oral es el mejor camino para llegar al orgasmo.

He aquí algunos relatos particularmente entusiastas respecto de este tema:

"La estimulación con la lengua es algo muy bueno para mí. La penetración no me da tanto placer, pues siento que me convierto en parte de una función reproductora en vez de un ser humano".

Denise

"Algunas veces me gusta la penetración, pero lo que realmente disfruto es el envolver con mis muslos la cabeza de mi compañero mientras él trabaja con su lengua en mi vagina".

Jo

"El sexo oral es mi forma preferida de llegar al orgasmo. Me encanta que vaya lamiendo alrededor de mi clítoris, hasta que llega a él y entonces la sensación de su lengua me hace vibrar por completo; también me siento extraordinariamente bien cuando siento sus labios sobre los de mi vagina".

Sharon

"Yo siempre llego al orgasmo por medio de la masturbación o el sexo oral, que es mi favorito, por esa sensación de tibieza y el toque delicado de la lengua de mi amante, esto me da la presión perfecta y además me da la oportunidad de llegar al orgasmo con rapidez, para después continuar haciendo el amor hasta que él se satisface, lo que nos deja contentos a los dos".

Janet

"Algunas veces practicamos el sexo oral, los dos lo disfrutamos mucho. La mejor posición para esto es que yo me acueste de espaldas y levante mi vagina para que él se coloque cómodamente entre mis piernas, de esa manera llego al orgasmo con facilidad".

Grace

Para los hombres también es muy excitante el recibir la atención oral, e igual a las mujeres proporcionarles ese tipo de placer: Me hace sentir muy femenina dice una de nuestras lectoras. Yo lo disfruto personalmente y al mismo tiempo recibo las sensaciones de placer que él manifiesta; esto me hace sentir muy poderosa.

No es necesario que seas una experta en el sexo oral para gozarlo, tanto si te lo hacen como si lo haces. Los hombres opinan que el solo hecho de sentir el toque de los labios femeninos sobre su pene es suficiente para deleitarlos al máximo y que los detalles son realmente secundarios.

La mayor preocupación de las mujeres en este sentido es qué hacer con la eyaculación masculina. Si tú aceptas el pene de tu amante dentro de tu boca, piensa primero en qué vas a hacer con el semen que saldrá de ahí; básicamente no hay más que dos alternativas: lo escupes o lo tragas; aunque por supuesto hay una vía diferente para terminar el "trabajo" que es el dejar de chupar cuando la cosa viene en camino y continuar con la mano, de manera que el fluido sale al aire. Un hombre dice: "Todo está bien, pero no dejes al tipo bailando solo en el momento de la verdad; eso es una ofensa para cualquiera. Si ella no quiere recibirlo en la boca, debe ayudarte con sus manos, y si es posible permitir que el semen se vierta sobre su cuerpo, eso también es muy bueno".

En el sexo oral, la regla de oro es: "Hazlo como más te guste y si no te gusta no lo hagas"; en ningún momento te sientas obligada. Una lectora nos comenta: "A mí me gusta hacerlo; aunque no me vuelve loca, la verdad es que eso es lo más parecido a la masturbación".

Algunos consejos para ellos

- Haz el sexo oral porque a ti te gusta, no porque piensas que ella lo está esperando. Si en realidad no te gusta, ella lo sentirá.
- Pregúntale qué le gusta, las preferencias varían mucho de una mujer a otra.
- El sexo oral con la mujer debe empezar con lentitud y avanzar gradualmente; primero besa su estómago y acaricia la parte trasera de sus muslos, después comienza a trabajar sobre su vagina.

- Usa tus labios y la punta de la lengua para excitar en primer lugar toda el área de la vagina.
- Cuando sientas que ella ha llegado a un buen nivel de excitación, comienza a trabajar en el clítoris con la punta de tu lengua, presionando con suavidad en la parte inferior y después en la superior, sintiendo las reacciones de tu compañera para descubrir qué es lo que más le gusta a ella.
- No te escondas bajo las sábanas para hacer estas cosas, invita a tu pareja para que adopte una posición cómoda para ambos y mantén siempre contacto visual con el cuerpo de ella.
- No dejes de continuar acariciando el cuerpo de tu mujer; el toque ligero, apenas con las puntas de los dedos sobre otras partes sensibles de su cuerpo puede producirle un gran placer.
- No te "sumerjas" dentro de la vagina, eso puede ser desagradable para ella e incluso le puede hacer daño, especialmente si está embarazada.
- En esos momentos no te preguntes si ella lo está disfrutando realmente, ya habrá tiempo para comentarlo después y ajustar lo que sea conveniente.

Algunos consejos para ellas

- Besa y acaricia sus testículos, son muy sensibles.
- Recuerda que es conveniente usar tus manos al mismo tiempo que besas o chupas su pene; esto

favorecerá su erección y te permitirá controlar sus movimientos, con lo que puedes evitar que él se inserte con demasiada profundidad en tu boca.

- Toma con firmeza la base del pene, pero cuida de no apretar demasiado.
- Haz un "nido" con tu boca y presiona su pene con tu lengua para estimularlo mejor durante los movimientos de entrada y salida.
- Presta atención a otras partes sensibles de su cuerpo, como sus caderas o la parte posterior de sus rodillas, presiona el área entre sus testículos y su ano.
- Sigue tus instintos. Si tú observas con cuidado las reacciones de tu compañero pronto descubrirás qué es lo que más le gusta.
- No jales la piel de su pene con mucha fuerza.
- No golpees con tus dedos ni aprietes sus testículos.
- No muerdas la cabeza del pene.
- No trates de meter la punta de tu lengua en la entrada de la uretra, que se encuentra en la cabeza del pene.
- No te sientas obligada a insertar el pene en tu boca tan profundamente como si te lo estuvieras tragando.

Capítulo 5

Primero Yo, Después Yo y Siempre Yo

- Mujeres reales hablan del placer de la masturbación (y de la culpa)
- Cómo descubrir tus zonas secretas de placer, incluyendo el punto G y el punto A

"Yo no soy de las que tienen sexo con cualquiera que se les ponga delante, en realidad soy bastante selectiva en el amor; pero la verdad es que necesito tener orgasmos, así que mis mejores amantes son mis dedos; cuando trabajo con mi clítoris siempre llego a la cima. Para empezar, yo me pongo a tono leyendo un libro de lo más explícito que encuentre, y cuando ya estoy bien dispuesta comienzo a trabajar con mis dedos y eso me toma unos quince minutos. Algunas veces vuelvo a jugar conmigo otro rato y muchas veces alcanzo otro orgasmo".

Jayne

"Tu propia mano es el mejor camino para lograr el orgasmo. Tú misma eres quien mejor sabe qué hacer y cómo hacerlo. Pero si tienes un buen compañero sexual y no tienes inhibiciones, puedes enseñarlo a hacer exactamente lo que te gusta. Yo pienso que eso es todavía mejor".

Scarlet

❖ Masturbación: el porqué, el cómo... y la culpa

Hay cosas en las que uno siempre sale perdiendo. Si tu confiesas que te masturbas, algunas personas piensan que eres una especie de demonio sexual, mientras que otras piensan que eres una mujer frustrada, y en ningún caso quedas como una persona normal.

Pero tarde o temprano hay que hablar con sinceridad: las encuestas revelan que no solamente la mayoría de las mujeres se masturban (82%), sino que muchas expresan que eso es vital en su vida sexual, por lo que en realidad es algo muy importante en la vida sexual de las mujeres, muchas veces más que la relación con hombres. Y para ser completamente honestas, ¿cómo puedes decirle a un hombre en dónde y cómo te gusta que te toquen, si tú no te tocas a ti misma?

"La masturbación tiene tantos aspectos positivos que es altamente recomendable", dice el sexólogo y terapeuta Alan Riley. "El sentir la propia sexualidad como algo natural y confortable definitivamente conduce a las personas a una sensación de plenitud; mientras que la idea de que sus necesidades son anormales, y su consecuente represión, conduce a un estado neurótico de inadecuación frente a la vida".

El Dr. Riley dice también que la masturbación te ayuda a sentirte a gusto con tu cuerpo y te libera de la noción de que el único método que puede emplear la mujer para encontrar su satisfacción es el hombre, y que es precisamente el hombre quien otorga los orgasmos, lo que es básicamente falso.

Pero ya basta de expertos, escuchemos lo que las mujeres tienen que decir:

"Yo no recuerdo cuándo fue que aprendí a masturbarme, pero sí me acuerdo que cuando era muy pequeña acostumbraba acostarme encima de mi osito de peluche porque la dureza de su nariz entre mis piernas me resultaba muy agradable. Ahora, cada vez que me masturbo logro siempre el orgasmo. Esto me ayuda a conocerme a mí misma. Algo extraño y maravilloso ocurre cuando te das cuenta de que en ese momento ya no hay vuelta atrás, puesto que has estimulado tu cuerpo al punto en que ya nada importa. Hay muchas cosas de mí misma que no me gustan, pero de lo que sí puedo estar orgullosa es que yo misma me proporciono los mejores orgasmos".

Anna

"Para mí es imposible lograr un orgasmo con un hombre moviéndose entre mis piernas, eso no significa que yo no goce haciendo el amor, pero estoy consciente de que es más por mi propio deseo que por la participación del compañero. Definitivamente yo no puedo tener un orgasmo sin la estimulación del clítoris; así que yo me toco discretamente mientras hago el amor".

Johanna

"Cuando tenía veintiún años, yo pensaba que había tenido orgasmos, pero una vez que me estaba bañando con una de esas duchas que se pueden manipular, sentí una extraordinaria sensación de placer cuando el agua a presión tocó mi clítoris. Como yo no estaba acostumbrada a esa sensación me parecía casi dolorosa; pero fui dirigiendo el agua con cuidado hacia mi clítoris hasta que sentí una especie de explosión en todo mi cuerpo, y hasta entonces supe lo que era un verdadero orgasmo. Desde entonces no he tenido ningún problema en alcanzar el orgasmo por medio de la masturbación, lo que me da la increíble convicción de que yo soy capaz de sentir con gran intensidad".

Nikki

"Yo comencé a masturbarme desde que era muy joven, al principio era solamente como una sensación de calor entre mis piernas cuando me deslizaba por el pasamanos de la escalera de mi casa, pero al crecer, la masturbación se convirtió en mi principal actividad sexual; yo me masturbo incluso durante la relación sexual, y siempre lo hago de la misma manera: usando el remate del edredón o de una almohada".

Candy

Ambivalencia de sentimientos

Recientemente los científicos han descubierto cualidades nuevas de la masturbación, como es el hecho de que disminuye el estrés en las mujeres; a lo que debemos agregar que, después de un orgasmo, la resistencia al dolor en las mujeres aumenta un 200 por ciento. La masturbación también previene enfermedades degenerativas en los órganos femeninos, que se manifiestan en el adelgazamiento de las paredes vaginales, pérdida de humedad o elasticidad. La teoría es que los fluidos que se producen en la actividad sexual son necesarios para mantener la salud genital.

Bueno, si la masturbación se siente tan bien y es tan saludable, ¿por qué se nos presentan tantos sentimientos contradictorios? Es verdad que la disfrutamos ampliamente, y sabemos cuánto ayuda a nuestro cuerpo y a nuestra mente; sin embargo, frecuentemente nos sentimos avergonzadas y culpables.

Escuchemos a Denise: "Yo comencé a masturbarme hace muy poco, apenas este año; antes yo pensaba que era algo sucio. A veces me animo a hacerlo pensando en mi amante, y otras veces pienso en cosas que he leído en los libros. Tal vez la masturbación causa tanta culpa en las mujeres porque es algo que nos hacemos a nosotras mismas y nos causa placer, y la mujer ha sido educada para pensar en otros antes que en sí misma, incluso en la cama".

Diane nos dice: "Me encanta masturbarme mientras estoy haciendo el amor; pero me da mucha vergüenza masturbarme junto a un hombre con quien estoy por primera vez, tal vez necesito mucha más intimidad y confianza, además que pienso que eso podría ofender a mi compañero, pues lo hace sentir incapaz de excitarme lo suficiente".

Ahora habla Lucy: "Muchas veces uno no está con el ánimo de compartir su cuerpo con alguien. ¿Por qué no hacer algo por sí misma? Aunque muchas veces yo termino por sentirme culpable, como si mi mamá me hubiera sorprendido metiendo la mano en la caja de galletas".

Muchas de nosotras hemos recibido una educación tradicional, y a veces muy estricta, por lo que nos resulta difícil disfrutar la masturbación sin generarnos algún sentimiento de culpa.

"Yo siento que la masturbación es como un pecado o un 'tabú' —dice Stephanie—. Me siento muy culpable cuando lo hago y tengo la sensación de que todo mundo me notará en la cara que he hecho algo malo. A pesar de todo yo me masturbo cuando me siento muy estresada o solitaria. Yo no uso mis manos, solamente pongo mis muslos muy juntos y me muevo, la sensación llega muy pronto".

Aunque tú no pienses en la masturbación como un pecado, es posible que la sientas insatisfactoria o aburrida. ¿Significa eso que hay algo malo en ti? la respuesta es no. Jayne habla por todas nosotras cuando dice: "Yo me puedo masturbar por mucho tiempo y el clímax no llega, sobre todo si me encuentro tensa o cansada. Me siento muy frustrada cuando no lo logro".

También es posible que tú no seas afín a cierto tipo de sensaciones. Dice Laureen: "Yo puedo pasarme meses sin masturbarme, pero de pronto me dan muchas ganas y lo hago dos veces en una noche. Yo no sé exactamente qué es lo que me pone en ese tono. La verdad es que la masturbación no me resulta demasiado interesante". Bueno, si tú eres feliz así, no hay problema. Sin embargo, si tú consideras la posibilidad de tener orgasmos más disfrutables y con mayor frecuencia, deberías buscar nuevos métodos de masturbarte.

En última instancia, cada mujer es un ser individual, lo que significa que cada quien tiene su estilo en todo, y también en la manera de masturbarse, aunque existen ciertos patrones generalizados; en un estudio que se realizó en los Estados Unidos, con una muestra de 3,000 mujeres, se encontró que el 73 por ciento se masturbaban acostadas de espaldas.

> "A mí me gusta yacer de espaldas, tocarme con mucha suavidad y lentamente con un solo dedo.

Pero lo que más me gusta es masturbarme mientras mi amante introduce sus dedos en mi vagina y me toca el ano".

Di

La mayoría expresa que se masturban cada semana o cada dos, pero agregan que eso depende de lo satisfechas que se encuentren con sus relaciones, o de su estado emocional, o incluso de cuánta privacidad tengan o el tiempo del que dispongan.

Es muy común que las mujeres usen la fantasía para masturbarse (para abundar sobre esto, ver el capítulo 6). Estas fantasías no tienen que ser muy complicadas para resultar efectivas, como se deja ver en algunos testimonios, como el de Delia: "En realidad mis fantasías son recuerdos de episodios que he vivido con algunos amantes. Algunas veces también me enciendo recordando escenas de películas".

Rachel dice: "Algunas veces me imagino que estoy con alguno de mis amiguitos de la infancia, con quien en realidad no pasé de un tierno beso. Otras veces imagino que estoy con alguien completamente extraño y él me dice que yo soy 'increíblemente sexy'".

Anna escribe: "La imaginación juega un papel muy importante en mi vida sexual; yo creo fantasías en mi mente que me permiten entrar en un maravilloso mundo erótico, en el que sin embargo yo no soy capaz de entrar físicamente. Hace algunos años yo fui de vacaciones a Israel, y en una playa conocí a un muchacho muy atrevido que de inmediato comenzó a besarme en los muslos, cerca de mis genitales; yo nunca había sentido un beso en esa parte de mi cuerpo y la verdad es que me encendió, a pesar de que él prácticamente no me tocó con sus manos. Él me dio su número telefónico y yo no me atrevía a llamarlo. Pero de aquel beso ahora parten casi todas mis fantasías eróticas; al recordarlo es como si lo volviera a sentir y entonces construyo diferentes historias mientras yo misma me acaricio. Para mí, este hecho tiene todos los elementos que necesito para excitarme; hacía calor, yo estaba en un país extranjero, el tipo era un completo extraño y además yo tuve la capacidad de controlarme, pues tenía su número telefónico y no lo usé".

❖ Descubre tus zonas ocultas de placer

Si a ti no te satisface la masturbación, pero deseas adquirir una mayor sensualidad y satisfacción en tus sesiones privadas, pon atención a los consejos de los terapeutas sexuales que te damos a continuación:

- Enciérrate en tu recámara u otra habitación donde tengas una temperatura agradable y la seguridad de que nadie te va a molestar. Si te gusta el aroma del incienso enciende una pajilla o enciende una vela, pon la música que te guste, de preferencia que sea relajante, o algunos otros elementos ambientales que te den la sensación de intimidad. Es preferible que antes tomes un buen baño caliente en tina o una ducha, de esta manera tu cuerpo estará desnudo, cálido y relajado.

- De pie frente al espejo, observa todo tu cuerpo; pon atención en cada una de sus partes; admírate a ti misma y concéntrate en aquellas partes que te gusten más.
- Toma algo de talco o de aceite aromático, espárcelo en tus manos y después frota tu cuello y hombros con cierta firmeza, a modo de masaje. Siente cómo desaparece todo rasgo de tensión.
- Acaricia lentamente tus senos, concentrándote en los pezones; acaricia tus brazos y baja por tu vientre hasta tus muslos; acaricia tu espalda y tus nalgas... ¿sientes la reacción de tu cuerpo ante tu propio toque? ¿se siente bien? ¿dónde se siente mejor?
- Cambia el tipo de las caricias y siente qué tipo de presión te gusta más: ¿con firmeza o con mucha suavidad? Piensa solamente en lo que estás sintiendo, no permitas que tu pensamiento domine tu sensibilidad.
- Acaricia la parte anterior de tus muslos y tus rodillas; después sube por tus muslos hasta llegar a tu vagina y comienza a trabajar en los labios externos. Si te excita el mirar tu cuerpo en el

espejo mientras acaricias tus partes íntimas sigue así; aunque muchas mujeres prefieren cerrar los ojos y elaborar fantasías eróticas.

- Comienza a explorar tu clítoris; si te parece demasiado sensible el toque directo, comienza por explorar alrededor y en la base; los tejidos de estas áreas son muy sensibles para muchas mujeres, incluso más que el cuerpo mismo del clítoris.
- Algunas mujeres alcanzan el orgasmo con más facilidad acostadas boca abajo, presionando su vientre; tú puedes experimentar diferentes posiciones, tratando de identificar cómo aumentan o disminuyen tus sensaciones.
- No seas impaciente contigo misma. Como todo en el sexo, el alcanzar el orgasmo por medio de la masturbación requiere tiempo. Tal vez necesites más de una sesión para lograrlo, lo más importante es que vayas identificando las zonas de tu cuerpo que realmente te excitan.
- Los terapeutas sexuales recomiendan el uso de vibradores para las mujeres que tienen dificultades para alcanzar el orgasmo; no es necesario que sea uno de esos "juguetes" que venden en las tiendas de sexo, puedes usar un vibrador para masajes corporales de los que se venden en las farmacias. Los investigadores han descubierto que lo que produce la sensación es la vibración misma, por lo que la forma del vibrador es secundaria; muchas mujeres lo prefieren con el aspecto

de un pene; aunque también se sabe que el 90 por ciento de las mujeres no insertan el vibrador en su vagina, sino que lo usan para estimular el área del clítoris, pero no directamente sobre el cuerpo del clítoris, pues esto normalmente resulta demasiado fuerte y hasta doloroso.

Dice Johanna: "Con un vibrador yo tengo un orgasmo tras otro, pero debo esperar por lo menos un minuto entre uno y otro, pues inmediatamente después del orgasmo mi clítoris se encuentra demasiado sensitivo. El área que estimulo en cada caso es siempre diferente, aunque nunca aplico el vibrador directo sobre mi clítoris".

Cómo estimular el punto G

Lubrica o humedece tus dedos e insértalos en tu vagina, tocando la pared superior (la más cercana a tu estómago). A una distancia de unos cuatro o cinco centímetros encontrarás una pequeña protuberancia de tejido esponjoso que tiene el tamaño de una semilla de naranja. Frota con cuidado ese apéndice y analiza tus reacciones; algunas mujeres tienen sensaciones fuera de lo común, mientras que otras prácticamente no sienten nada nuevo.

Cómo estimular el punto A

Continúa corriendo tus dedos hasta llegar a lo más profundo de tu vagina, donde se encuentra la entrada del cérvix, lo que sentirás como un nudo firme, pero que tiene cierto movimiento, más o menos como la punta de tu nariz. A medio camino entre el cérvix y tu punto G, encontrarán un área muy sensible al tacto, ese es precisamente tu punto A; para estimularlo desliza tus dedos hacia adentro y hacia fuera, usando como referencia tu punto G.

Capítulo 6

Juegos Mentales y Fantasías

- Algunas mujeres revelan sus fantasías sexuales
- Tus sueños eróticos y lo que ellos te enseñan acerca de tu sexualidad
- Fantasías homosexuales
- Las fantasías de los hombres y cómo adaptarnos a ellas

"Yo no uso la imaginación si me encuentro con un compañero real, puesto que mi despertar sexual está ocurriendo físicamente; pero cuando me masturbo sí elaboro muchas fantasías, normalmente evocando escenas de películas eróticas, lo que generalmente es suficiente para despertarme. Otras veces me gusta decir 'cosas sucias' a mi compañero o jugamos a revivir momentos emocionantes que hemos tenido entre nosotros o incluso con otras personas".

Mandy

"Yo no tendría mucho placer sexual sin fantasías, así que yo las uso mucho. Yo creo que todo mundo debiera ser más imaginativo, para alcanzar un nivel más alto de placer".

Suzie

❖ Mujeres de verdad confiesan lo que realmente las enciende

Es muy común que las mujeres usen su imaginación mientras se masturban o hacen el amor, lo que no significa en absoluto que su compañero sexual no las satisfaga, y tampoco quiere decir que ellas desean hacer realidad sus fantasías. Se trata solamente de una manera de personalizar el sexo y propiciar una mayor excitación. A continuación presentamos las descripciones que mujeres reales nos han regalado respecto de sus propias fantasías.

> "Mi fantasía favorita es imaginarme como una exhibicionista, lo que no soy en la vida real, pues en realidad me da mucha vergüenza el mostrar mi cuerpo desnudo. En mi fantasía voy en el metro a mi trabajo y de pronto entra al vagón un hombre extraordinariamente guapo y se me acerca. Flirteamos un poco y finalmente él se me acerca y comienza a besarme y acariciarme con mucho entusiasmo, en menos de que lo pienso él ya me está haciendo el sexo oral. El vagón está atestado de gente y todo mundo está mirando, pero a mí no me importa y hasta grito del éxtasis que me produce su boca y su lengua. Entonces alcanzo el orgasmo y él deja de hacérmelo, me besa en la boca con gentileza y se baja del tren en la siguiente estación, dejándome radiante de satisfacción. Algunas veces, en mi

fantasía no logro el orgasmo con el tipo, así que los hombres que se encuentran en el vagón se van turnando para hacerme el sexo oral, hasta que yo logro mi satisfacción".

Jo

"Yo tengo fantasías eróticas durante el sexo con mi pareja; generalmente se trata de una relación lésbica, en la que imagino estar con otras mujeres. También me gusta imaginar que yo soy 'comprada', como esclava, prostituta, o como la esposa de un hombre rico y viejo".

Rita

"Normalmente llego al orgasmo cuando hago el amor, pero tengo un método infalible, que consiste en imaginarme que me encuentro haciendo el amor en una de esas camas antiguas que tienen postes y un techo; eso me inspira mucho".

Sharon

"Yo no he tenido muchos orgasmos, pero cuando los tengo me siento tan melancólica que me pongo a llorar, lo que yo creo que echa a perder el momento; así que me pongo a fantasear que tengo los más fuertes orgasmos sin una lágrima de por medio; eso me ha servido para vencer esa tendencia".

Leane

"Yo siempre uso fantasías para excitarme. A veces me imagino que soy una de esas actrices de las series de televisión, hasta las caricaturas me sirven. Después me imagino situaciones muy excitantes que les pasan a esos personajes".

Stephanie

"En realidad a mí no me gustan las películas pornográficas; he visto algunas y me han parecido muy aburridas. Pero cuando estoy haciendo el amor a veces imagino escenas propias de esa clase de cintas. Me imagino que el hombre que actúa en la película me está mirando con mucho deseo, tal como aparece en la pantalla. Muchas veces me imagino verdaderos actores de cine puestos en una película porno, conmigo en escena. No me importa mucho el aspecto de esos actores, sino el papel que juegan y que éste resulte lo más emocionante para mí".

Katherine

"Yo sueño que entro en un salón de una casa donde se celebra una fiesta y entonces todos los hombres voltean a verme porque yo soy la chica más sexy de ahí. Todos los hombres quieren estar cerca de mí, se pegan a mi cuerpo y yo puedo sentir sus erecciones. Yo sé que eso no me podría pasar en la realidad porque yo soy una persona común, y hasta un poco tímida; pero en mis fantasías soy muy sexy, completamente egoísta y puedo tener todos los hombres que quiera. Estos sueños míos terminan siempre con una gran orgía que se desarrolla en los sillones, sobre las mesas, en el piso, por todos lados; los penes de los hombres se acercan a mí desde todos los ángulos, como luchando entre ellos para tener el privilegio de satisfacerme. Yo hago de todo, sexo oral, anal; absolutamente de todo, y entonces me siento realmente prendida y fácilmente llego al orgasmo".

Lucy

"Mi fantasía favorita es bastante simple. Yo no entiendo por qué muchas mujeres imaginan cosas tan complicadas. Yo solamente veo en mi mente a un hombre guapo y muy fuerte que se acerca a mí y rápidamente me despoja de toda mi ropa; en un momento ya estamos haciendo el amor como locos; nada muy elaborado, yo simplemente dejo que las cosas pasen en mi imaginación como si fuera en la realidad y a veces siento como si lo estuviera viviendo realmente; ¡es sensacional!"

Justine

❖ Serios, juguetones o impactantes; de cualquier manera son tus propios sueños

Nuestros sueños eróticos pueden fascinarnos y muchas veces avergonzarnos. Los verdaderos sueños son aquellas elaboraciones mentales que suceden cuando estamos dormidas, por lo que aparentemente no son imágenes que nosotros hayamos decidido crear; sin embargo, son un material realmente auténtico y digno de sentir y analizar, pues son como señales de lo que realmente deseamos o indicadores de nuestras carencias.

Nuestro cerebro responde con gran rapidez y habilidad para dar cuenta y muchas veces respuesta a los problemas que tenemos en nuestra vida sexual. Por ejemplo, si tú sueñas que tu nuevo amante te asfixia con una almohada durante la relación sexual, eso probablemente signifique que en lo más profundo de tu mente tú sospeches que tu pareja es tan demandante que pudiera intervenir demasiado en tu vida, produciéndote una especie de asfixia.

Tus sueños eróticos pueden concentrarse en tu vida sexual actual tanto de una manera directa, expresando lo que necesitas corporalmente, pero también tienen un alto grado de significación simbólica, de manera que relatan los aspectos emocionales que se involucran en tu relación. Tomemos como ejemplo el sueño de Zoe en el que aparece un vampiro:

"Él está tratando de seducirme y a mí me encanta; pero sé perfectamente en lo que me estoy metiendo, pues incluso puedo ver sus largos colmillos. En mi sueño yo tengo una hija (ella no tiene hijos en la vida real) y lo que más me importa es protegerla; yo quiero gritar ¡No!, pero no me sale la voz, o es tan baja que él no me escucha y yo siento mucho miedo cuando él acerca sus colmillos a mi garganta y comienzo a sentir cómo penetran mi piel".

Es evidente que en su sueño Zoe desea perder el control y al mismo tiempo se encuentra aterrada por ello, lo que es comprensible cuando sabemos que en la vida real ella estaba saliendo con un hombre de quien ella estaba segura que no la quería; aunque ella tampoco estaba enamorada de él; pero a niveles conscientes pensaba que lo podría manejar como una relación casual y satisfactoria solamente en términos físicos, pero no había considerado esa parte sensible y emocional (su hija simbólica) de ella misma que quedaba vulnerable ante aquel hombre.

El conjunto de símbolos que vemos en nuestros sueños pueden ser muy confusos para nuestra mente consciente y los significados muchas veces se nos escapan. Si tú sueñas que haces el amor sin condón, eso no necesariamente significa que tienes miedo de quedar embarazada o ser infectada de algo, puede significar simplemente que tú no quieres que esa relación te encuentre con tu corazón desprotegido y que te haga daño emocionalmente.

Cuando sueñas con tener relaciones sexuales con algún miembro de tu familia seguramente se te generan sentimientos de culpa, especialmente si en el sueño obtuviste placer, y más aún si alcanzaste el orgasmo. Pero debes considerar que ese sueño no tiene por qué significar que tú sientes una atracción sexual por esa persona, sino tal vez una necesidad de mayor acercamiento e intimidad emocional, o un deseo de alcanzar el nivel intelectual o social de esa persona, en el caso que tú la admires.

Señales de peligro

Al iniciar una relación, a veces surge una chispa que parece encender muchas cosas dentro de ti y tú no entiendes muy bien qué es lo que está pasando; pero tus sueños te van dando las pistas para desenredar tus sentimientos. Veamos el caso de Shelly:

"Yo me sentía aburrida de él en la cama, y en general en toda nuestra relación, y me la pasaba culpándolo. Pero una noche tuve un sueño en el que me encontraba en la cama con él, pero yo estaba vestida completamente y mi ropa era excesivamente formal; era el tipo de ropa que corresponde a una mujer demasiado seria y reprimida; entonces comprendí que una parte de la culpa era mía y que yo tenía que ser más abierta y sensual para que nuestra relación no fuera tan plana".

Es perfectamente posible que podamos aprovechar los extraordinarios mensajes de nuestros sueños conscientemente, preguntando a nuestro subconsciente qué es lo que está pasando. Utiliza tu sueño como si fuera un sabio consejero y pregúntale lo que quieras saber; como en el caso de Shelly que hemos visto arriba; ella hubiera podido preguntar al ir a dormir: "¿qué está pasando?; ¿por qué me aburre esta relación?" Rachel hizo eso una noche, después de meses de vivir una situación inestable con su novio: "Yo soñé que cuatro hombres que conozco me invitaban a tener sexo con todos ellos al mismo tiempo; yo aceptaba y sentía un gran placer en ese tipo de relación orgiástica. Después uno de ellos me hablaba por teléfono para criticar mi comportamiento, diciéndome que yo había ido demasiado lejos. Yo me enojaba mucho y le decía que él mismo había propuesto esa relación en grupo, que no tenía razón de enojarse ahora". Al despertar y evocar su sueño, Rachel se dio cuenta de que el sueño puntualizaba algo que ella intuía, pero que no había racionalizado: su novio tenía una posición ambivalente ante el sexo, él la animaba a hacer las cosas más atrevidas, pero después de alguna manera le recriminaba su "ligereza". Su sueño no expresaba el deseo oculto de tener relaciones con cuatro hombres al mismo tiempo, sino que era la dramatización de una realidad que ella estaba viviendo y simbolizaba su deseo de ser querida y aceptada de la misma manera tanto en la cama como en la vida cotidiana.

Sueños en los que tú o tu amante son infieles pueden ser muy inquietantes, pero recuerda que las escenas que sueñas son solamente simbólicas y que expresan tu vida emocional.

Eve tuvo este sueño: "Yo sabía que Charles había tenido un affaire con una mujer muy tímida; yo me ponía muy furiosa y le decía que tenía que amarme a mí; pero él me respondía que la otra lo necesitaba tanto que él no se podía negar". Después de analizar a fondo su sueño, Eve se dio cuenta de que la mujer "tímida" representaba esa otra parte de sí misma que ella odiaba: "Esa parte madura y sexy de mí misma estaba profundamente celosa porque él también atendía a la otra parte, que yo no quería reconocer como integrante de mi personalidad".

Cualquiera que sea el tema y las escenas de tu sueño, al despertar concéntrate en identificar, en primer lugar, qué clase de emoción te ha producido: ¿tristeza?, ¿enojo?, ¿sensación de alivio, o por el contrario, de ansiedad? Esto te dará la primera pauta de análisis de tus sueños, pues el mensaje es básicamente emocional. Si en el sueño tú te sientes a gusto siendo infiel a tu pareja, y disfrutas plenamente del sexo con otro, trata de incorporar esas actitudes vividas en la ficción del sueño a tu relación real, lo que sin duda la enriquecerá y tú te sentirás emocionalmente más realizada.

❖ Cuando fantaseas en tener relaciones con otras mujeres

De acuerdo a recientes investigaciones, se estima que un 90% de las mujeres han fantaseado por lo menos una vez en tener relaciones con otras mujeres, lo que en realidad es perfectamente normal si atendemos a lo que nos dicen los sexólogos, en el sentido de que todas las personas son potencialmente bisexuales, es decir que tenemos la capacidad de excitarnos en la relación con personas de ambos sexos; pero no se debe confundir esta simple potencialidad con una verdadera tendencia a la homosexualidad. Algunas veces, una fantasía lésbica es justamente lo que necesitamos para sentirnos completamente libres y sin prejuicios para gozar del sexo.

"En la vida real, yo sólo tengo ojos para mi novio, pero algunas veces, durante el sexo, yo elaboro fantasías en las que se incorpora otra mujer a nuestra relación, y eso me excita de verdad".

Sasha

"Yo he fantaseado sobre ello, pero no durante el sexo. Uso esas imágenes cuando me masturbo, pues así siento que todo es más fácil y nadie sale lastimado. Mi fantasía favorita es yo sola con otra mujer, aunque también me gusta pensar en que somos tres en la cama, siempre dos mujeres y un hombre. Yo nunca meto en mis fantasías a gente conocida, pues siento que después no podría hablarles con la misma naturalidad; el crear personajes es mejor para mí".

Grace

"Esta es mi fantasía favorita: Yo tengo problemas para alcanzar el orgasmo con mi nuevo amante, así que él invita otras tres chicas a la recámara. Ellas comienzan a explorar sus cuerpos unas con otras: se besan en la boca, chupan sus senos y hacen el sexo oral. Después ellas se acercan a mí y comienzan a acariciarme; ahí entra mi novio a la función y todos terminamos en una gran orgía".

Jane

❖ Las fantasías sexuales de los hombres

Las fantasías más comunes de los hombres es el tener relaciones con sus propias compañeras habituales, pero en diferentes locaciones o nuevas posturas. No hay muchas estadísticas al respecto, pero de acuerdo a ciertos estudios, al menos el 40% de los hombres fantasean durante el sexo. Algunos hombres dicen que no sienten la necesidad de fantasear cuando su pareja les gusta y les estimula lo suficiente; pero el 99 por ciento admite que elabora fantasías durante la masturbación.

Una imaginación muy despierta en el hombre no necesariamente significa que no se encuentra satisfecho con su vida sexual; por el contrario, la fantasía es una cualidad muy apreciable en la sexualidad masculina, y es un indicador de que su energía sexual se está empleando al máximo.

Los hombres no fantasean porque estén aburridos, o no alcancen la suficiente excitación; simplemente lo hacen porque les gusta.

"No hay evidencia de que las fantasías de los hombres que involucran a otras mujeres aumente la duración del acto", explica el Dr. Alan Riley, terapeuta sexual. "Las parejas llegan al aburrimiento si su conducta sexual se vuelve rutinaria, lo que no significa que se aburran uno del otro, sino que baja su emoción a causa de la rutina; el sexo siempre en la misma posición, en el mismo lugar y a la misma hora le resta efectividad y encanto".

Al igual que las mujeres, los hombres no desean que sus fantasías sexuales se vuelvan realidad, a muy pocos les gustaría realmente participar en orgías o tener sexo con mujeres totalmente desconocidas; se trata solamente de encontrar elementos de excitación en circunstancias imaginarias que en muchos casos son proyecciones fantásticas de carencias u obsesiones, lo que tiene un carácter simbólico y despierta emociones, como en los sueños.

Si tú te sientes tentada a descubrir las fantasías de tu compañero, debes tener cuidado al indagarlas, pues es muy probable que él quiera mantenerlas como algo muy privado para que no pierdan su eficacia. Los expertos dicen que la mejor manera para que tú descubras sus sueños es compartirle los tuyos y observar cómo reacciona. Tal vez a ti te gusta la idea de tener relaciones delante del fuego crepitante de la chimenea; pues simplemente dícelo y observa sus reacciones. Diane ha seguido este método: "Cuando estoy con mi amante lo invito a compartir sus fantasías y yo le cuento las mías; algunas veces nos 'prestamos' nuestras fantasías y las usamos para masturbarnos: Puede ser el sexo con extranjeros, cambio de parejas, relaciones homosexuales, cualquier cosa. Yo frecuentemente fantaseo sobre cosas que no hemos hecho todavía y las disfruto; yo sé que él hace lo mismo".

Las cuatro principales fantasías en los hombres

Hablando en general, los investigadores han dividido las fantasías masculinas en cuatro categorías:

Intimidad: Es la más común de todas. El hombre imagina tener sexo con una mujer a la que se siente ligado emocionalmente, pero en un lugar diferente del usual; por ejemplo, en su oficina o en algún lugar "de riesgo", donde pudieran ser descubiertos.

Exploración: Se imagina con su amante en situaciones poco usuales o desarrollando nuevas técnicas; tal vez participando en orgías.

Despersonalización: La mujer imaginaria no es nadie que conozca, es una especie de símbolo de total sumisión y colaboración: ella hace exactamente lo que él quiere; los hombres "fetichistas" entran perfectamente en esta categoría; se trata de personas que proyectan un fuerte erotismo en objetos o prendas de vestir. Muchos hombres tienen un cierto grado de fetichismo, pero un verdadero fetichista se excita más con el objeto que con la mujer misma. Si su fetiche es la ropa interior de encaje, por ejemplo, se excitará con ella, sin importar quién la vista.

Sadomasoquismo: No necesariamente involucra el dolor físico. Los hombres imaginan que la mujer de sus deseos los desprecia o los humilla, aunque no llegue a castigarlos.

Capítulo 7

¡Satisfacción Garantizada!

- Las diez posiciones sexuales que más gustan a las mujeres

- Cómo tener un orgasmo vaginal

- Los siete pasos para lograr el supersexo. Harán que tu vida sexual sea mejor… mucho mejor

- El orgasmo total. Descubre las técnicas que aconsejan los terapeutas sexuales para que las mujeres sientan el orgasmo en todo su cuerpo

"Mi posición favorita es acostada de espaldas y con mis piernas abrazando sus hombros; pero en mi opinión, la posición 'de perrito' es la mejor de todas".

Candy

"Para mí, el camino más seguro hacia el orgasmo es un vibrador. En segundo lugar el sexo oral. En tercer lugar es estar sentada a horcajadas sobre mi pareja en una silla o un sofá. Sin embargo yo disfruto otras posiciones; creo que lo más importante es la actitud mental que se tenga".

Rachel

❖ Las posiciones sexuales que más gustan a las mujeres

Tú te preguntas (¿no es cierto?), ¿cómo es posible realizar las posiciones que se presentan en los manuales de sexo?

Muchas veces parecen verdaderos actos de contorsionismo, pareciera que hay que entrenarse en gimnasia para lograrlas.

Seguramente tienes razón, es por eso que nosotros hemos pedido a tres parejas de personas normales, aunque jóvenes, que prueben las diez posiciones que se consideran las más excitantes para las mujeres.

La pareja A son Justine y Mark; la pareja B son Fiona y Bradley, y la C está compuesta por Mark y Roz.

Sus experiencias personales seguramente te darán más información que la de los manuales de sexo.

1. La Reina del Castillo

La mujer se coloca arriba, reclinando su trasero sobre las ingles del hombre.

Puntaje de placer: 10/10

Pareja A

Ella: ¡Es genial!; se siente una gran satisfacción al ver el placer que tú puedes dar a tu pareja, también facilita mucho tu propio orgasmo.

Él: ¡Fabuloso! Es mejor si tú tomas de vez en cuando la iniciativa del movimiento; de otra manera puedes sentirte un poco fuera del juego.

Pareja B

Ella: Puedes moverte libremente en muchas direcciones y como puedes controlar las sensaciones, así puedes llegar hasta donde quieras, ya sea para prolongar la cosa o para causar una explosión si tú quieres.

Él: Me encanta ver cómo mi pareja se mueve encima de mí y sentir que soy yo la fuente de su placer; eso es muy excitante; además de que te quedan las manos libres para trabajar sobre sus senos, sus nalgas y su vientre; eso es muy bueno.

Pareja C

Ella: En esta posición yo siento oleadas de placer a lo largo de mi espina dorsal. Cuando me arqueo sobre mi compañero es todavía mejor.

Él: Es algo verdaderamente mágico, especialmente cuando ella mueve su pelvis hacia delante y hacia atrás, sus pechos se balancean y eso me enciende.

¿Es buena para ti? Muchas mujeres dicen que ésta es la posición que más favorece su orgasmo; una de las grandes ventajas para ti es que te permite una penetración profunda, aunque necesitas cierta fuerza y elasticidad para mover tu pelvis arriba y abajo y de un

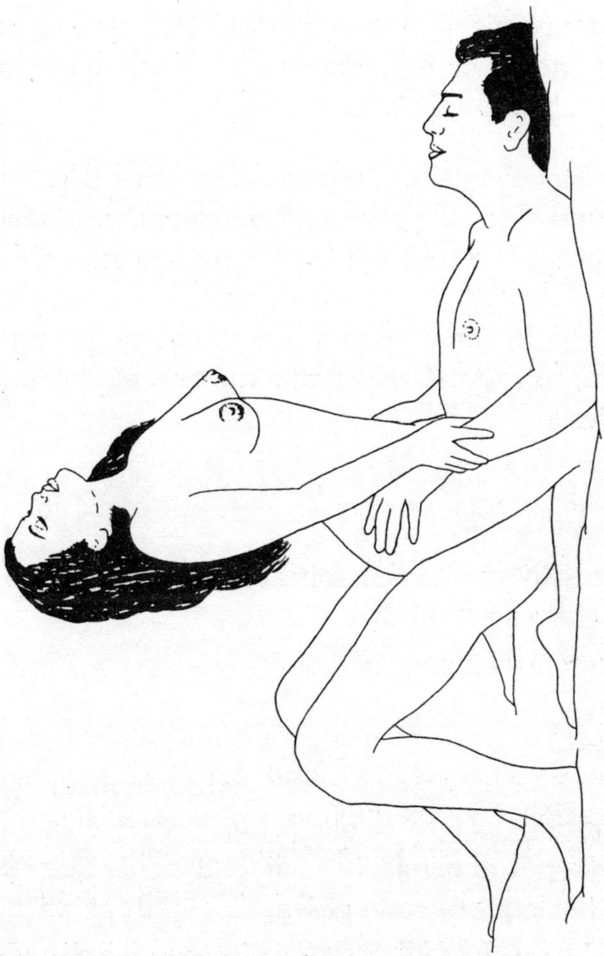

La Reina del Castillo

lado al otro, ya que si no manejas bien tus movimientos perderás sensación y la postura será menos efectiva. Esta posición es básicamente "visual", por lo que no es conveniente practicarla en la oscuridad; una vela prendida da un ambiente fascinante y permite que los amantes se vean a los ojos.

Variaciones: Puedes inclinarte hacia delante para colocarte más cerca del pecho de tu compañero, o bien hacia atrás, esta posición te permite una gran sensación del pene dentro, pero resulta forzada y puede lastimar a tu compañero, por lo que hay que tener cuidado con esto, hazlo lentamente y pregúntale si no le molesta.

2. *Las Cucharas*

Los partícipes descansan sobre su costado, la penetración ocurre desde atrás.

Puntaje de placer: 9/10

Pareja A

Ella: Es muy suave y gentil, pero hay una buena penetración. Es muy bueno sentirse completamente envuelta por tu pareja, tú solamente tienes que relajarte y dejar que las cosas pasen, eso es muy agradable.

Él: En esta posición se tiene una gran sensación de intimidad, no se podría estar más juntos, así sientes que tocas realmente todo el cuerpo de tu pareja; el hombre se encuentra muy cómodo y puede controlar perfectamente sus movimientos.

Pareja B

Ella: Ideal para cuando estás un poco cansada, además de que prueba que no es necesario hacer grandes actos de contorsionismo para obtener placer. En esta postura mi compañero puede acariciar ampliamente mis nalgas y mi ano, creo que los hombres descuidan mucho eso.

Él: Es muy estimulante físicamente, además de que es muy relajada y no te cansas; es ideal para un viernes por la noche, después de una semana de trabajo.

Pareja C

Ella: Esto hace que el placer vaya más allá del orgasmo, pues tú puedes continuar en lo mismo simplemente descansando mientras tu compañero sigue dentro de ti. Algunas veces, si Mark viene tarde a casa, yo simulo estar dormida de espaldas a él, entonces él me posee de esta manera, con suavidad, y todo parece como que ocurre en un sueño.

Él: Todo lo que dice ella es verdad.

¿Es buena para ti? Esta es una postura muy cómoda para ambos. Permite una penetración profunda que puede ser controlada por la mujer. En esta posición ella (o él) puede estimular el clítoris con toda tranquilidad,

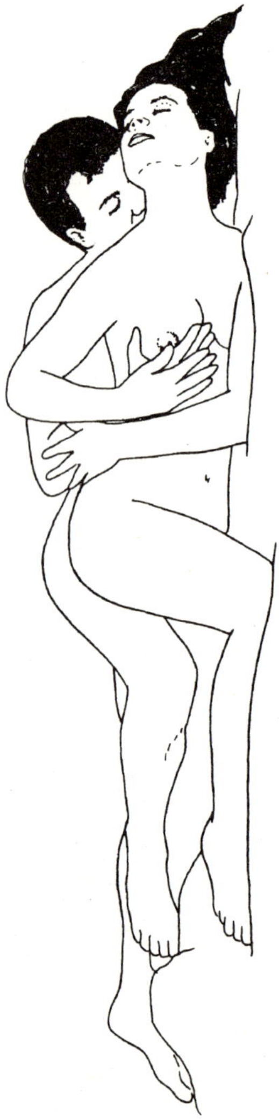

Las Cucharas

lo que siempre es conveniente, es ideal cuando ambos se sienten cansados o románticos, pues proporciona una sensación de gran afecto y mutua gratificación.

Variación: Puedes volverte de cara a tu compañero, lo que aumenta la sensación de ternura, aunque muchas mujeres consideran esta variante como menos excitante, tal vez porque es más difícil lograr una penetración profunda y dificulta la manipulación del clítoris.

3. *Polos Contrarios*

El hombre yace sobre su espalda, la mujer se sienta sobre él, mirando al polo opuesto.

Puntaje de placer: 8/10

Pareja A

Ella: Se tienen fuertes sensaciones, y como parece un poco "sucia" resulta muy estimulante. Yo siento que es una especie de exhibicionismo y puedes sentir al hombre realmente dentro de ti, pues así se puede obtener el máximo de penetración.

Él: Me encanta el aspecto "voyerístico" de esta posición, mirando a tu compañera que se mueve frente a ti y tocándola al mismo tiempo. Las mujeres no se dan cuenta de lo mucho que a los hombres nos gustan sus nalgas, por lo que esta posición es perfecta para gozar ampliamente de la vista y del tacto.

Pareja B

Ella: Necesitas tener piernas fuertes para practicar esta postura, de otra manera te cansarás muy rápido, mucho antes de que alcances tu orgasmo. Si tú tienes algún prejuicio respecto de tu celulitis, simplemente olvídalo.

Él: A mí no me enloquece esta posición pues no puedo ver la cara de mi pareja y eso para mí es muy importante, pues me excita mucho ver sus expresiones de placer durante el sexo.

Pareja C

Ella: A mí me gusta esta postura porque la mujer puede tomar completamente el control, además de que me encanta que me acaricien la espalda y el trasero.

Él: Esto me hace sentir "macho", lo que desde el punto de vista sexual es muy importante; aunque puede resultar tan excitante que se corre el peligro de venirse muy rápido.

¿Piensas que esta postura es adecuada para ti? Acuérdate que él puede acariciar ampliamente tus nalgas y estimular tu ano, además de que tú puedes tocar sus testículos, lo que puede ser muy estimulante para ambos. Estamos de acuerdo en que se trata de una posición relativamente acrobática, así que procura acomodar bien tus piernas para no cansarte antes de llegar al orgasmo.

Polos Contrarios

Variaciones: Colócate un poco más adelante o más atrás para encontrar una buena presión del pene, pero recuerda que no debes forzar demasiado la verticalidad del pene, pues eso puede causar dolor en tu compañero.

4. Vuelta a lo Básico (de perrito)

La mujer, arrodillada, levanta su trasero; el hombre la penetra por detrás.

Puntaje de placer 7/10

Pareja A

Ella: Es muy placentera, pero es preferible adoptarla después de una largo jugueteo previo; si vas derecho a ella puedes tener problemas, pues la penetración es muy forzada.

Él: Como a todos los hombres que conozco, a mí también me encanta; creo que a los hombres nos da la sensación de dominio; aunque a muchos les parece demasiado primitiva o animal, pero ¿qué hay de malo en eso?

Pareja B

Ella: No puedes tomarte muy en serio haciendo esto, sobre todo si tienes algún prejuicio respecto a la posición dominante del macho, pero yo no me preocupo mucho de eso, creo que la naturaleza nos da una fuente de realización por medio de este placer elemental.

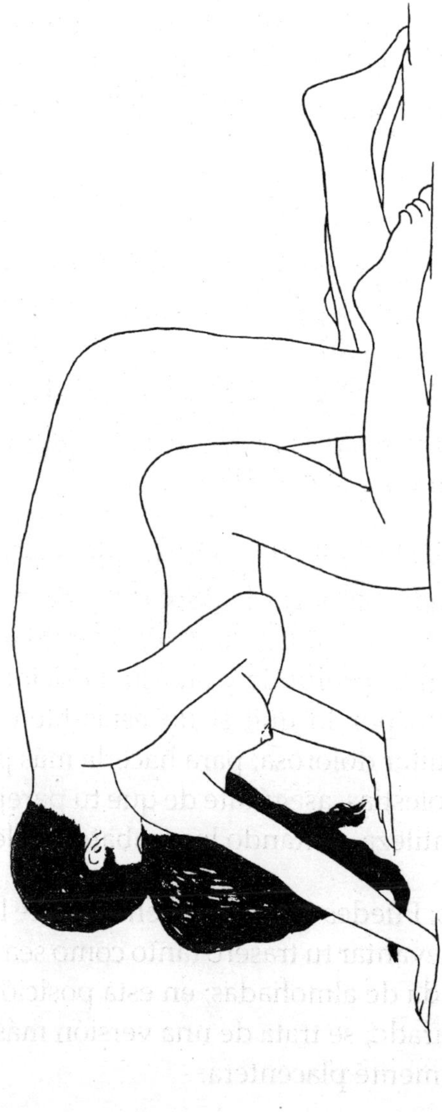

Vuelta a lo Básico (de perrito)

Él: Verla en esta posición hace que aflore en mí el cavernícola que llevo dentro. Es tan excitante que puede obligarme a terminar muy rápido, pero esta postura tiene la ventaja de que puedes parar en el momento que quieras, con lo que logras controlar tu eyaculación.

Pareja C

Ella: Yo no soy fanática de esta postura, me parece demasiado ruda y primitiva; pero reconozco que las sensaciones son muy intensas, especialmente si él acaricia mis senos, mi espalda y mis nalgas.

Él: Es una postura muy sensual, sobre todo si ella flexiona un poco sus piernas.

¿Te gustaría practicar esto? A unas mujeres les fascina, mientras que otras no la soportan, pero es por la misma razón: ¡es muy animal!, además de que la penetración es profunda y en esta posición hay mucha fricción, por lo que si no estás bien lubricada puede resultar dolorosa; para hacerla más placentera y evitar molestias, asegúrate de que tu pareja se mueva con gentileza, evitando los embates violentos.

Variaciones: Puedes apoyar tu vientre sobre la orilla de la cama o levantar tu trasero tanto como sea necesario con la ayuda de almohadas; en esta posición el hombre está parado; se trata de una versión más relajada, pero igualmente placentera.

5. *Los Abuelitos o Misionero*

Se trata de la posición "clásica", de cara a cara, él arriba y tú abajo.

Puntaje de placer: 6.5/10

Pareja A

Ella: Es ideal cuando uno busca más comunicación; la penetración en esta postura no produce las mejores sensaciones; pero si tú pones una almohada bajo tus nalgas podrás sentir mejor a tu compañero

Él: No es precisamente muy original, pero te permite el control de tus movimientos, además de mirar tan cerca como quieras el rostro de tu compañera, lo que tiene un buen efecto emocional.

Pareja B

Ella: Ideal para quienes no les gustan las acrobacias; no se siente igual que de otras maneras, pero de vez en cuando puedes tener un orgasmo suave.

Él: Bueno, claro que no es algo muy especial, pero es muy conveniente cuando no tienes ganas de experimentar y quieres pasártela bien.

Pareja C

Ella: Se considera lo más convencional, pero puede ser muy rica si se adoptan diferentes posiciones dentro de lo mismo, como abrazar al compañero con las piernas, elevar la vagina o permitir que él te levante

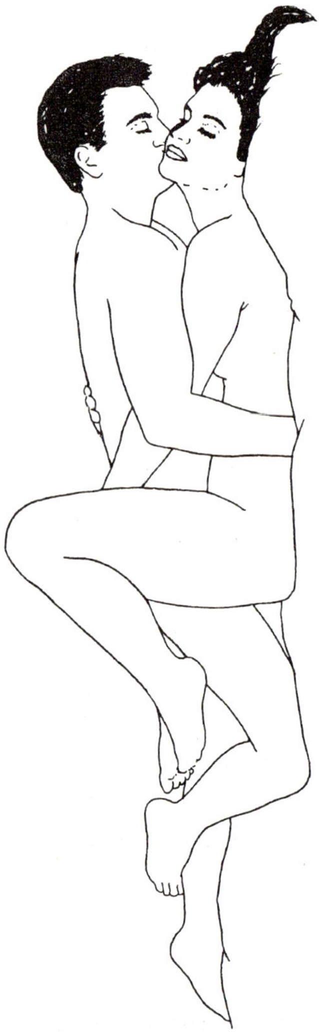

Los Abuelitos o Misionero

con sus manos, además de que él puede estimular tus senos o tu clítoris, o ambas cosas simultáneamente.

Él: Para mí esta es una buena posición, pues me gusta mucho mirar a los ojos a mi pareja y besarla en la boca mientras la penetro.

¿Te gusta esta postura?, ¿va bien contigo? La gran ventaja es que puedes controlar varias cosas en esta posición: mientras más levantes las piernas el pene de tu compañero estimulará la pared superior de tu vagina, donde se encuentran el punto G y el punto A.

Debido a que ésta es precisamente la postura tradicional, ahora tiene una mala reputación, pues se interpreta como algo poco imaginativo y hasta conformista, pero la verdad es que constantemente volvemos a ella porque tiene todos los elementos del amor en su sentido más directo y expresivo, pues además de mirarnos a los ojos y poder comunicar muchas cosas con el rostro.

Nuestros cuerpos también se comunican de una manera estrecha, y es muy agradable sentir que el cuerpo del compañero envuelve y protege tu propio cuerpo.

Variaciones: Puedes levantar tus piernas tanto como para abrazar con ellas los hombros de tu compañero, o tomar tus rodillas para llevar tus piernas contra tu propio pecho, con lo que lograrás una mejor penetración.

6. El Gato

La mujer es cargada por el hombre, ambos de pie y de frente.

Puntaje de placer: 6/10

Pareja A

Ella: Es excelente si te gusta la espontaneidad, pues teóricamente puedes hacer esto en un elevador, o contra un muro cualquiera (yo siempre mantengo un pie en el piso). Pero tú debes estar realmente excitada y por supuesto, bien lubricada para que la cosa funcione.

Él: Se logra una buena penetración y el acto tiene un sabor agresivo y muy fresco. En verdad es realmente excitante.

Pareja B

Ella: Desde luego hay posturas más confortables, yo me siento un poco tensa pues me preocupa que nos falle el equilibrio y caigamos al piso; de cualquier manera sí lo disfruto mucho, es algo salvaje, animalezco.

Él: Es bueno para cuando uno tiene ganas de un "rapidito" que te produzca un orgasmo explosivo; pero claro que necesitas tener mucha fuerza, sobre todo en las piernas; yo creo que es mejor tomarse su tiempo.

Pareja C

Ella: Tú tienes que dejarte ir y confiar en que la pasión haga su trabajo con rapidez. Es un gran esfuerzo para

El Gato

tu pareja, así que él comienza a agitarse y su respiración se vuelve violenta, lo que para mí es muy estimulante.

Él: Es muy erótico, pero nada fácil, tienes que lograr un buen ritmo para tener placer; estar bien plantado y tener fuertes piernas y brazos.

¿Qué te parece esto? La idea de ir rápido hacia el objetivo y hacerlo en cualquier lugar definitivamente es de considerarse y puede ser muy pasional, aunque también hay que ser cuidadosos en la elección del lugar. Si se logra una buena posición, la penetración puede ser muy profunda, y generalmente él eyacula muy rápido, por lo que para ti puede ser un poco frustrante, aunque la experiencia es en sí misma emocionante.

Variantes: A no ser que el hombre sea extraordinariamente fuerte, busca una pared para recargarte y de preferencia mantén un pie en contacto con el piso, con la pierna libre abraza las caderas de tu compañero, lo que puede hacer que la cosa dure un poco más. También puedes hacerlo semisentada en el borde de una mesa o escritorio.

7. La Carretilla

El hombre, de rodillas, sostiene a la mujer por las caderas, mientras ella yace de espaldas con el cuerpo arqueado.

Puntaje de placer: 6/10

Pareja A

Ella: Es como la posición de los abuelitos, pero menos confortable, tú eres completamente manipulada por el hombre; cuando él lo hace bien puede ser muy placentera, además de que tu cuerpo arqueado hacia delante tiene un significado de ofrenda que puede ser muy excitante.

Él: Como tú tienes que cargar a la mujer, no te quedan manos para tocarla, lo que a mí me parece limitante y resulta muy frustrante si ella es atractiva.

Pareja B

Ella: Demasiado convencional, con la desventaja de que la mujer no puede hacer absolutamente nada.

Él: Creo que es más satisfactorio para el hombre que para la mujer; te hace sentir omnipotente.

Pareja C

Ella: Para mí es mucho trabajo, pero a mi pareja parece gustarle mucho.

Él: Ella arquea su cuerpo delante de ti, por lo que puedes entrar en ella muy a fondo, pero es un gran esfuerzo el mantenerla en esa posición por lo que te puedes cansar muy rápido.

¿Te gusta esta postura?, ¿crees que te va bien? Se garantiza una profunda penetración, y como tu cuerpo se encuentra tenso, se produce un estrechamiento de tu canal vaginal, con lo que se obtiene una fricción que

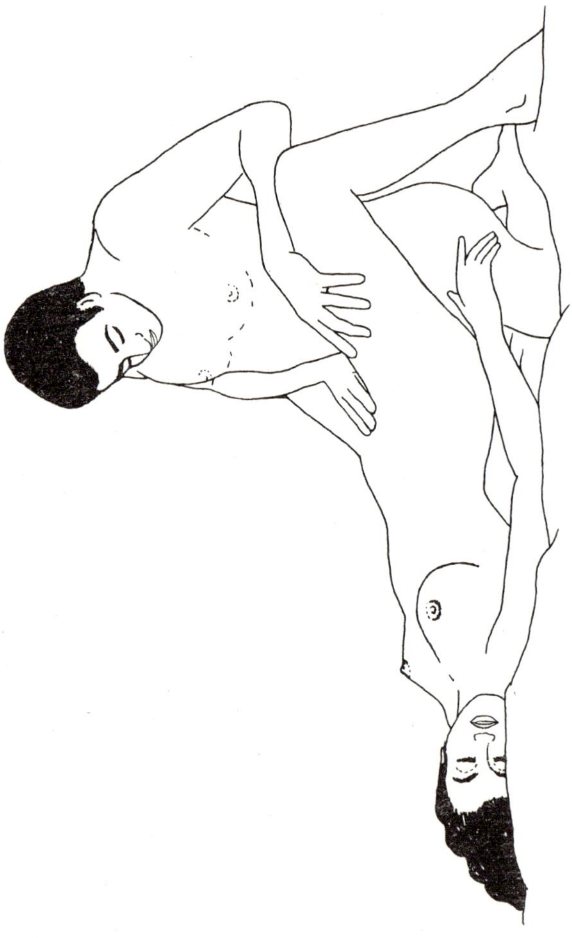

La Carretilla

puede ser muy placentera para ambos; además de que en esta postura las contracciones de tu orgasmo pueden ser más fuertes. Sin embargo es conveniente asegurarse de que ambos están en buenas condiciones para realizar esta contorsión. Muchas mujeres que tienen senos pequeños encuentran esta posición muy satisfactoria, pues en esta perspectiva sus pechos parecen más grandes a su compañero.

Variantes: También puedes adoptar esta postura recargando tu espalda en el borde de la cama mientras tu compañero está de pie; el efecto es similar pero él no tendrá que soportar todo tu peso.

8. Cumbres Borrascosas

El hombre y la mujer de pie, él la penetra por detrás.

Puntaje de placer: 6/10

Pareja A

Ella: Se tiene un gran contacto y si tú fantaseas acerca del sexo anal puede ser muy excitante; a mí me gusta pensar en eso, pero no me gustaría hacerlo realmente.

Él: Es muy estimulante, pero sólo como una parte del juego total; yo prefiero no venirme en esta posición, porque puedo ver y sentir gran parte de su cuerpo pero no su cara, así que siento que estoy solo, masturbándome.

Pareja B

Ella: Esta es una postura muy pasiva para la mujer y te sientes muy insegura, sobre todo si tu compañero no es muy fuerte. A veces me gusta mucho, porque estoy metida en la nostalgia que nos da a todas las mujeres y en la que nos nace el deseo de "ser tomadas" y completamente "sostenidas" por el hombre; pero no siempre estoy en ese tono.

Él: A mí me gusta mucho porque puedes manejarte muy bien cambiando de ritmo, aunque también siento que pierdo un poco el contacto emocional con mi pareja.

Pareja C

Ella: Si a ti te gusta el sexo tormentoso, ésta es una buena manera de ponerte a tono. Pero asegúrate de que tu pareja no se entusiasme demasiado, porque en esta postura la penetración es muy profunda y dolorosa para ti si él no tiene cuidado.

Él: Desde el punto de vista del sexo puro, digamos animal, esta posición puede ser muy gratificante para ambos; pero la verdad es que se pierde ternura y comunicación.

¿Te entusiasma pensar en esto? La pérdida del equilibrio es el principal problema de esta postura, así que es preferible ayudarse con una mesa o un mueble cualquiera para tener un punto de sustento; recuerda apoyar bien tus pies en el piso y asegúrate de que tu

Cumbres Borrascosas

compañero tiene suficiente fuerza, sobre todo en las rodillas.

Variantes: Ya es bastante complicada en sí misma, así que no la hagas más difícil, la única posibilidad es que tú levantes una pierna para permitir un mejor acceso de tu compañero, pero ten cuidado con ello, porque así hay más riesgo de resbalar.

9. El Ave Fénix

La mujer yace de espaldas con las piernas levantadas; él la sostiene de los tobillos y la penetra por delante.

Puntaje de placer: 9/10, 2/10

Pareja A

Ella: Para mí no tiene ningún interés, me siento avasallada, completamente inmovilizada; la única ventaja es que permite una buena penetración.

Él: Yo sé que a Justine no le gusta esto y estoy de acuerdo. Pero desde mi punto de vista, tal vez demasiado machista, me parece formidable, pues tengo una gran sensación de poder, además de que se puede entrar muy profundamente y la vagina se estrecha, con lo que se obtiene una buena fricción. ¡Es muy excitante!

Pareja B

Ella: Aquí sí me siento realmente como objeto sexual, tu compañero te controla completamente y tú

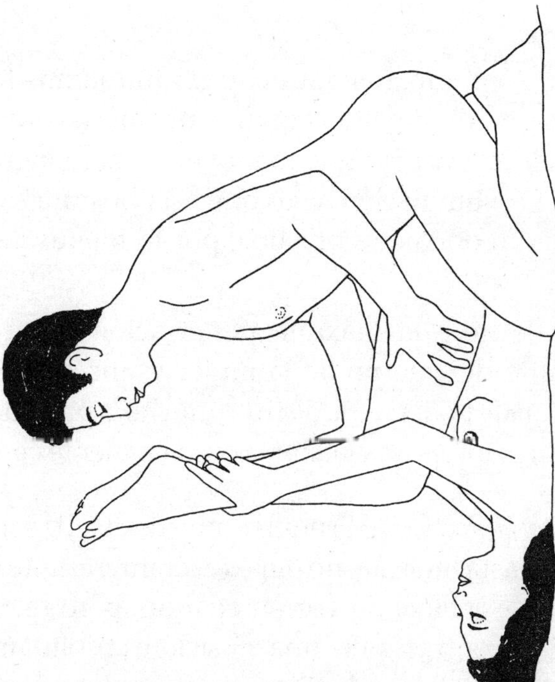

El Ave Fénix

no puedes hacer nada. Me siento muy incómoda en todo sentido.

Él: Si a ti te gusta la sensación de dominio, esto puede ser formidable; puedes fantasear en tener tu esclava, o estar con una de las mujeres de tu harem.

Pareja C

Ella: A mí me gusta mucho, estimula mis fantasías de ser dominada; aunque no me siento bien físicamente, pues no puedo moverme para lograr yo misma la estimulación, creo que esta postura es algo más bien teórico que práctico, por lo menos para la mujer.

Él: Permite la máxima penetración, una vista fascinante del cuerpo de la mujer y una estupenda sensación de poder; yo la disfruto mucho, a pesar de que reconozco que es una postura completamente egoísta.

¿Te gustaría practicarla? Si no eres muy flexible, la sentirás difícil y hasta molesta; no deja de ser interesante jugar a la mujer-esclava de vez en cuando, pero recuerda que te encontrarás en una posición absolutamente pasiva, no podrás inducir tu propia excitación y tendrás que dejarlo todo al compañero.

Variantes: Coloca una almohada bajo tus nalgas, lo que te levantará cómodamente, y después pon tus piernas sobre sus hombros; de esta manera quedarás un poco más libre para moverte.

10. *El Nudo*

Los amantes se colocan frente a frente y enlazan sus piernas.

Puntaje de placer: 5/10

Pareja A

Ella: Muy íntima, confortable y excitante, tú puedes mover tus piernas para encontrar el mejor ángulo de penetración.

Él: Es muy buena para una tarde tranquila; puedes hacerlo con toda calma e incluso hablar y besar si quieres.

Pareja B

Ella: Es una postura muy cómoda y aunque no deja mucho para moverse a mí me despierta completamente. Es una manera suave y agradable de llegar al orgasmo.

Él: La principal ventaja de esta posición es que puedes tocar casi todo el cuerpo de tu pareja; aunque yo me aburro un poco y quiero pasar a otras cosas más vigorosas.

Pareja C

Ella: En esta postura yo siento dolor en la parte baja de mi abdomen; además de eso, la verdad es que no me siento relajada y cómoda en general.

Él: Me apena que Roz se sienta mal en esta postura, porque a mí me encanta; me siento muy cerca de

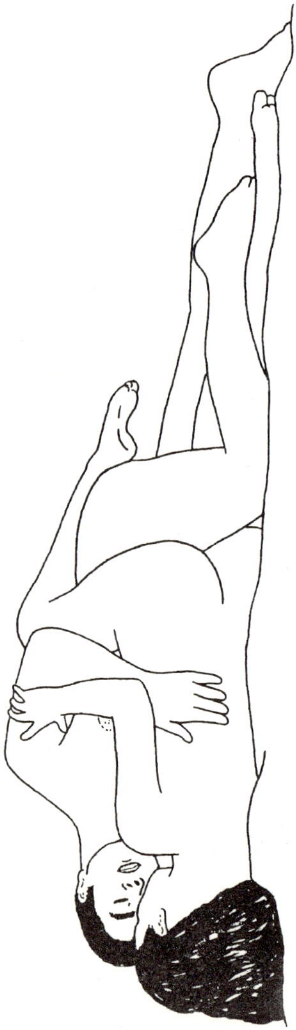

El Nudo

ella en un sentido emocional, puedo tocar todas las partes de su cuerpo, mirar su cara e incluso besarla, por lo que siento que existe una gran comunicación.

¿Te parece buena para ti? Mientras más flexible sea la espalda de tu compañero, será más hábil para estimularte; pero ten presente que ésta no es propiamente una postura "pasional", sino una manera tranquila y sensible de hacer el amor.

Variantes: Un poco de gimnasia puede ayudar, mueve tu pierna por encima de él, de manera que puedas propiciar que uno de los dos se coloque relativamente por encima unos momentos, y después el otro, de esa manera tendrás una mayor vitalidad.

❖ Sí, tú puedes tener un orgasmo vaginal

Antes de entrar en materia, debemos decir que es un hecho que la mayoría de las mujeres no experimentan el orgasmo por la acción del pene dentro de la vagina. Los estudios muestran que apenas un 25 por ciento de las mujeres tienen orgasmos de esta manera y la mayoría llegan al orgasmo por medio del sexo oral o la masturbación, ya sea a solas o durante el acto sexual. Pero también la mayoría de las mujeres estamos convencidas de que es posible tener un orgasmo vaginal, ese es en parte el motivo por el que de vez en cuando "fingimos" el orgasmo durante la relación, pues es una idea propia de nuestra cultura el que una "verdadera" mujer debe tener su orgasmo por la vía natural del pene dentro de su vagina, y por supuesto nosotras queremos ser de esas verdaderas mujeres.

Así que si tú no llegas al orgasmo por medio de la penetración, no te preocupes, es lo más normal del mundo; y tampoco te preocupes si te gusta el sexo oral o de vez en cuando "te echas una mano" durante la relación con tu pareja, eso está bien.

El orgasmo vaginal no es "superior" a ningún otro, es solamente uno de los caminos para llegar al clímax y por tanto es conveniente explorarlo e incorporarlo a nuestra vida sexual.

Las investigaciones han encontrado que uno de los principales problemas del pene dentro de la vagina que los terapeutas llaman "sexo penetrativo" es que en el 80 por ciento de los casos el hombre entra en la mujer antes de que ella esté preparada para la penetración, y contrario a la idea general, el hecho de que estés bien lubricada no significa que realmente te encuentres lista, eso es solamente uno de los signos visibles. Otra idea errónea es que la vagina se encuentra lista para el orgasmo una vez que los labios exteriores se han abierto y se encuentran turgentes por efecto de la inyección de sangre; otra vez diremos que eso solamente significa que vas por buen camino, pero no que hayas alcanzado las condiciones óptimas para la penetración y mucho menos que se hayan reunido las condiciones para el clímax. De hecho, cuando tú te encuentras realmente lista para el orgasmo, en vez de ensancharse se angosta la entrada de la vagina, que es el efecto del ensanchamiento y alargamiento de las paredes interiores, que llaman "tensión interna", y representa el momento en que la vagina admite con facilidad la introducción del pene y el orgasmo se encuentra preparado física y psicológicamente.

Supongamos que has realizado un extraordinario trabajo de "calentamiento" junto con tu pareja; ambos se encuentran en la cima y a ti te nace la idea de experimentar un orgasmo vaginal ¿qué hacer entonces?

- Espera hasta el punto en que ambos se encuentren verdaderamente excitados, de manera que ya no pueden "aguantar" más; éste sería el momento en que normalmente él te penetra; pero espera un poco, no lo dejes entrar todavía.
- Pídele que tome su pene con su mano y frote la cabeza del mismo contra tu clítoris; esto es una especie de "permiso de entrada", se trata de un ritual de alguna manera previsto en la naturaleza y esto dará a tu mente la convicción de que deseas ser penetrada y vas a ser penetrada, por lo que no hay contradicción alguna entre tus deseos y la realidad; pero también te sientes segura, porque él es capaz de esperar; el efecto de este ritual será mejor para ti mientras sea más largo (aunque tú le supliques y le pidas que no te torture más y te penetre de inmediato).

- Deja que te penetre lentamente, primero solamente la cabeza del pene, dentro y fuera a muy poca profundidad; pídele que lo vaya insertando cada vez a mayor profundidad, pero gradualmente.
- Asegúrate de que en esta operación él no inserte todo su pene, pues eso causaría un contacto muy violento sobre tu clítoris antes de tiempo. Todo esto pudiera parecer una tortura para ambos; pero el verdadero arte del amor requiere de esta clase de paciencia, lo que en vez de bajar el nivel de excitación la aumenta, y mientras más dure este ritual será mayor la satisfacción que se obtenga.
- Si tu compañero no está del todo dispuesto a practicar este juego de paciencia, procura controlar tú sus movimientos, lo que siempre es posible. Desde luego lo mejor es tener un compañero participativo, pero recuerda siempre que tanto él como tú están en un proceso de habilitación sexual, por lo que deben ser tolerantes y conscientes de que el beneficio es para ambos.
- Si él intenta penetrarte muy rápido o muy profundo, usa tus muslos para controlar sus movimientos. Si te encuentras en la posición tradicional, no abras completamente tus piernas, o coloca una de ellas contra su pecho.
- Mientras él mueve su pene dentro de ti, trata de juntar un poco los muslos, eso hará sus movimientos menos violentos y protegerá tu clítoris de un fuerte embate; además de que con los

muslos podrás controlar la profundidad de la penetración, de manera que él irá tan hondo como tú quieras.

❖ Los siete pasos para lograr el supersexo

Una maravillosa verdad acerca del orgasmo femenino es que cuando tú lo has experimentado una vez, querrás seguirlo experimentando y podrás lograrlo, aunque deberás identificar tus propios métodos para llegar al orgasmo. Tú seguramente lograrás un método "infalible", pero eso requiere experimentar todos los caminos del placer, lo que es un ejercicio verdaderamente gratificante... ¡disfrútalo!

Primer paso: La felicidad corporal

Es muy difícil que te sientas sexy si no estás a gusto con tu cuerpo, si no te amas a ti misma; tal vez te sientas muy "gorda" (curiosamente, la mayoría de las mujeres se consideran gordas, aunque no lo sean), y entonces es muy probable que te niegues a probar nuevas posturas, preocupada por que te veas "fea" o "grotesca"; los sexólogos llaman a este fenómeno "armadura" o "blindaje corporal", porque las personas "cierran" su cuerpo a la vista de los demás, no solamente por la desnudez, sino por el uso de ropa que encubre en vez de destacar. Cuando comenzamos a tener sentimientos negativos respecto de nuestra imagen corporal, nuestro placer sexual genera grandes dosis de ansiedad. Podemos estar tan tensas y estresadas que no producimos los lubricantes naturales o no alcanzamos el nivel de excitación suficiente para llegar al clímax. La única manera de superar esto es revirtiendo tus actitudes.

Quítate la ropa y párate frente al espejo, corre tus manos por todo tu cuerpo mientras repites: "¡soy hermosa!"; hazlo todos los días y no pienses demasiado en ello, tarde o temprano tu mente subconsciente terminará creyéndoselo y tú comenzarás a sentirte diferente. Sí, ya sabemos que en principio te sentirás como una tonta, desnuda frente al espejo y alabándote a ti misma; pero piensa en lo que sientes cada vez que tu amante te mira desnuda y tú estás peleada con tu cuerpo. Tal vez te anime saber que muchos hombres pagan a las prostitutas solamente para verlas desnudas paseando por el cuarto, y no se trata realmente de mujeres bellas; el cuerpo femenino es un fuerte disparador sexual para los hombres y el aspecto de la mujer es menos importante para ellos de lo que tú crees. Si tú prefieres hacer el amor en la oscuridad es por tus propios prejuicios, recuerda siempre que él desea ver tu cuerpo desnudo.

Segundo paso: Explora tu cuerpo

Prácticamente todas las mujeres que se masturban llegan al orgasmo, lo que significa que ellas han descubierto sus reacciones eróticas, pues las han identificado por medio de la exploración cuidadosa. Tu compañero no tiene por qué saber lo que te gusta y si tú misma no lo sabes nadie podrá enseñárselo. La masturbación te ayuda a descubrir los puntos de tu cuerpo que propician tu despertar sexual y el tipo de caricias que te llevan al orgasmo. Así puedes descubrir y cultivar tu propio patrón sexual, que es parte de tu personalidad en general.

Sara nos dice: "Yo soy una mujer muy independiente, es por eso que me encanta un hombre que toma el control en la cama; pero cuando él no me está tocando de la manera que a mí me gusta, no siento la menor vergüenza en mostrárselo y pedirle que haga las cosas de otra manera".

Tercer paso: Ummm... ¡el punto exacto!

Recordemos lo que dijo Marie: "Los hombres creen que el clítoris es como el botón de un elevador, piensan que presionando más fuerte llegarán más rápido a la cima". No es que a los hombres no les importe la sensibilidad femenina, es que su pene es mucho menos sensitivo que el clítoris y ellos proceden a excitarlo de la manera que saben hacerlo, asumiendo que es esa la dinámica natural de la excitación.

Por supuesto que los hombres están en un error, pero ellos no saben que lo mejor para excitar a una mujer es trabajar alrededor de la base del clítoris en vez de tocarlo directamente; además de que, a diferencia del pene, un toque suave es mejor que uno vigoroso. Como nadie nace sabiendo y él no está sintiendo lo mismo que tú, es necesario que le indiques qué hacer y cómo hacerlo, lo que hace que, por lo menos por un tiempo, sus actos de amor se conviertan en un proceso educativo.

Dicen los expertos en el sexo que el hecho de que los amantes se hablen con franqueza es el mejor camino para asegurar una vida sexual sana. Míralo de esta manera: su ego está de tu parte; él quiere ser un buen amante y satisfacerte en todo, así que una sugerencia gentil de vez en cuando no lo ofenderá de ninguna manera. Escuchemos a Tracy: "Hasta hace muy poco yo solamente había experimentado el orgasmo una vez, por medio del sexo oral; aunque ya me había olvidado de ello y había aceptado el sexo penetrativo como la forma natural de hacer el amor. Luego empecé a tener relaciones con un buen amigo mío. Después de un tiempo comenzamos a platicar durante la relación acerca de lo que nos gustaba y lo que no; desde entonces tengo orgasmos muy seguido y mi vida sexual es completamente diferente".

Cuarto paso: Humedad... mucha humedad

Algo que es crucial para tu orgasmo es la lubricación; pero los niveles de humedad varían por muchos motivos, como la época del año, qué tanto fumas o bebes, o tu nivel de estrés. Así que si te sientes seca algunas veces, no tienes por qué pensar que tu relación está perdiendo fuerza o que estás perdiendo sensibilidad, esa clase de pensamientos pueden dar lugar a un círculo vicioso y crearte estados de tensión que dificultarán aún más la secreción de lubricantes.

La solución más fácil es agregar saliva a los líquidos vaginales; pero también puedes usar los lubricantes a base de agua que venden en las farmacias.

Quinto paso: El poder mental

Cuando pensamos en las zonas erógenas casi siempre focalizamos nuestra imaginación entre las piernas, pero, como ya hemos dicho, tu mayor y mejor órgano sexual es tu cerebro, lo que significa que no hay orgasmo sin una actitud mental adecuada y en última instancia que el éxtasis se elabora en la mente más que en el cuerpo. Es por eso que mientras más te preocupas por tener un orgasmo menos probabilidades tienes de lograrlo; como explica Rachel: "Muchas veces no llego al clímax, normalmente porque estoy cansada, o porque en realidad estoy haciendo el amor porque mi pareja quiere, pero yo no tengo ganas. Algunas veces me gana la ansiedad porque tengo miedo de no llegar al orgasmo y entonces de verdad que no lo logro".

Helen nos dice: "Si tú te pones a pensar que no te vas a venir o te comienzas a preocupar por ello, seguramente que no te vas a venir. Una vez tuve un novio que preguntaba cada cinco minutos si ya me había venido; y por supuesto yo con él nunca tuve un orgasmo".

Lo interesante es que todas podemos entrenar nuestra mente para tener un sexo mejor en todo sentido y llegar al clímax. La actitud más simple que podemos adoptar es imaginarnos qué es lo que va a pasar con nuestro amante cuando estemos juntos; así que cuando se haga realidad será como el logro de una ilusión. Rebecca usó este método para preparar un fin de semana que había concertado con su novio: "Me puse a pensar detalladamente qué pasaría en ese paseo, desde su mirada llena de deseo hasta las cosas específicas que yo quería que pasaran; así que cuando estuvimos juntos en la realidad mi mente lo revivió con tanta intensidad que yo nunca había sentido mayor excitación".

Sexto paso: El sabor de la vida

Nada como el sexo oral para llevar a una mujer al orgasmo, la mayoría de las mujeres dicen que éste es el mejor método para ellas. Si tu compañero no tiene mucha experiencia en esta práctica, ayúdalo moviendo tu pelvis mientras él besa y succiona, también refuerza sus acciones por medio de gemidos cuando lo esté haciendo de la manera que a ti te enciende. No tengas miedo de que él se entere de que ése es tu camino hacia el orgasmo. Nos cuenta Tracy: "Yo le había dicho a mi novio que yo solamente podía tener un orgasmo por medio del sexo oral; pero ahora, después de ser estimulada de esa manera, también tengo orgasmos por penetración, especialmente si lo hacemos de pie contra una pared, creo que en esa posición se estimula mi punto G".

Séptimo paso: Mientra más seguido, mejor

El orgasmo es como el ejercicio físico, mientras más lo haces te vuelves más hábil. Al principio, tener un orgasmo es todo un acontecimiento, una verdadera conmoción, pues una parte profunda de ti misma aflora y se te revela. Leane explica: "Yo he tenido orgasmos, pero me resulta muy difícil; mi cuerpo se tensa cada vez que estoy a punto de 'dejarme ir', y hasta mis brazos se ponen rígidos automáticamente, con lo que mi compañero siente que lo estoy rechazando. Yo sé que todo esto me sucede porque odio la idea de dejarme ir completamente, de entregarme a algo que me domina; aunque en el fondo también lo deseo y eso me hace gozar del sexo e incluso buscar el orgasmo. Para mí el sexo es brillante en teoría, pero en la práctica me hace sufrir".

Della comparte con nosotros su experiencia: "Algunas veces yo no tengo mi orgasmo porque me pongo muy tensa, entonces me quedo 'prendida' por mucho tiempo, varias horas, y eso me hace sentir muy frustrada, especialmente si ha sido una buena sesión de sexo… Yo creo que mi problema tiene su origen en mi niñez, pues a mí me enseñaron que el sexo era sucio y avergonzante, algo de lo que no se debe hablar y hay que ocultar.

Si tú sientes que tu mente elude el orgasmo a causa de la sensación de "dejarte ir", es bueno recordar lo que dicen los terapeutas sexuales en el sentido de que una mayor confianza y desde luego más orgasmos se obtiene enfrentando tus miedos para reconocerlos y restarles importancia, pues no tienen que ser tan malos después de todo.

Nada es más emocionante que indagar en las partes más profundas de tu personalidad, compartir tus descubrimientos por vergonzosos que sean y descubrir que tu compañero te comprende y te sigue amando. ¿Puede haber algo más liberador?

❖ El orgasmo de cuerpo entero

Una de las mayores ironías de la vida sexual es el hecho de que muchas veces estamos tan concentradas en tener un orgasmo que nos resulta difícil disfrutar el acto del amor, y si no encontramos excitación en el sexo ¿cómo podríamos llegar al orgasmo?

Es por eso que los terapeutas insisten en animar a las mujeres a disfrutar el juego completo, sin concentrarse demasiado en el marcador final. A continuación describimos algunas de las técnicas que ellos recomiendan:

Ama tu cuerpo. Observa tu cuerpo desnudo sin prejuicios y con mucho detenimiento. Haz una lista mental de todo aquello que te parezca bonito de tu cuerpo, recordando que es un hecho que los hombres no nos juzgan con tanta severidad como lo hacemos nosotras mismas, porque ellos buscan su propia satisfacción, por lo que no fijarán su atención en tus defectos, sino precisamente en todo eso que es adorable de tu cuerpo.

Desgraciadamente no es muy común que veamos cuerpos desnudos, con excepción de los cuerpos perfectos de las modelos o estrellas de cine, por lo que en realidad tenemos una idea falsa de los cuerpos de las mujeres reales. Los terapeutas sexuales, usan un catálogo de gente normal desnuda, para que los pacientes los revisen a conciencia y se den cuenta de que existe una gran variedad de peculiaridades físicas en las personas, lo que no debe interpretarse como defectos o monstruosidades.

La próxima vez que te encuentres en un gimnasio o un vestidor cualquiera, lanza una discreta mirada a tu alrededor, y te darás cuenta de que en este mundo nadie es perfecto y que las mujeres más bellas lo son en gran parte por el trabajo de los hábiles fotógrafos.

Reconoce que los aromas humanos son normales. Nuestra cultura nos ha condicionado a pensar en los olores de la mujer como algo ofensivo; pero la verdad es que se trata de algo natural en el ser humano y hasta tiene funciones eróticas y sociales importantes. Si tú tomas un baño diario y no tienes una grave infección en la piel no tienes de qué preocuparte, el aroma de las mujeres cautiva a los hombres y es su principal estímulo sexual.

Acepta que el ser egoísta en la cama está muy bien. El hacer el amor no es solamente dar placer al otro, eso niega la esencia de la relación entre dos; por el contrario, mientras más pienses en ti misma y te satisfagas, él también se sentirá pleno y satisfecho. Asegúrate de que eres capaz de dar, pero también de recibir.

No te manejes como "espectadora": Uno de los factores más importantes a considerar para obtener el máximo placer es aprender a concentrarse en las sensaciones que se viven en el ahora, y no permitir que otros pensamientos te distraigan: cuando tú estás pensando en cómo se sentirá él, o qué pensará de ti si haces esto o aquello, te alejas de la verdadera experiencia y actúas como lo que los terapeutas llaman "espectador" sexual, en otras palabras, tú no te encuentras completamente involucrada con lo que estás haciendo y es como si te estuvieras viendo desde afuera, evaluando tus acciones y las de tu compañero.

Es cierto que la práctica hace al maestro; sobre todo en este caso, pues mientras menos experiencia se tiene en el sexo se generan mayores inquietudes y pensamientos ansiosos, por lo que es necesario hacer un trabajo consciente para poder superar una práctica que pudiera ser viciosa. Al principio tendrás que trabajar muy duro para eliminar esos pensamientos que se meten como intrusos en tus momentos más importantes, por lo que tú debes buscar la manera de concentrarte en tus sensaciones físicas: ¿cómo se siente el toque de su mano sobre tu piel? ¿Cómo percibes sus aromas? Concéntrate en el sonido de tu propia respiración o el batir sincopado de su corazón y el tuyo; siente cómo grandes porciones de su piel están en contacto con la tuya y estimulan cada centímetro; míralo directo y profundo a los ojos y descubre qué es lo que él está sintiendo cuando tocas cada parte de su cuerpo.

Para realizar de una manera más inteligente y eficaz estos ejercicios de sensibilización, los terapeutas recomiendan lo que ellos llaman "ejercicios de focalización", lo que ayuda a identificar de una manera más fina y consciente las diferentes respuestas a los estímulos que está recibiendo tu cuerpo.

Ejercicios de focalización

La finalidad de estos ejercicios es identificar los puntos de sensibilidad y estimularlos por separado, para descubrir la cantidad y calidad de sensaciones que se producen en esas regiones, independientemente de la estimulación general, por lo que es necesario que en estos ejercicios no se tenga relación sexual propiamente dicha, ni siquiera después de haberse terminado cada tarea.

- Te desnudas, te acuestas y relajas todo tu cuerpo, entonces tu compañero procede a acariciarte en diferentes áreas, evitando los senos y genitales. Recordemos que este ejercicio no va encaminado al sexo, sino al reconocimiento de la sensibilidad, por lo que debes abrir tus cinco sentidos a la experiencia, debes sentir el tacto en tu piel, escuchar tu respiración y tu corazón; percibir cómo huele tu cuerpo y el de tu compañero, ver su cuerpo y el tuyo. Si te complace escuchar música puedes hacerlo, pero que sea suave y relajante.
- Tú debes guiar las caricias de tu compañero, diciéndole dónde quieres que te toque y con qué intensidad; por ejemplo, pídele que te bese el lóbulo de la oreja y después que lo muerda variando la presión, o que meta la punta de su lengua en el interior de tu oído; todo lo que tú quieras es válido, con excepción de las zonas de "alta intensidad", por ahora. Este ejercicio deberá repetirse varias veces, en diferentes ocasiones, hasta llegar a un cierto grado de conciencia respecto de la variedad e intensidad de las sensaciones en cada parte del cuerpo; el tiempo será decisión tuya.
- Después de varias sesiones como la anterior, la siguiente fase es la estimulación de tus senos y genitales. Tu compañero debe estar dispuesto a usar sus manos, su cuerpo, su boca y su lengua. Debes decirle lo que haga y establecer algún

código para que él tenga una referencia de la intensidad de tus sensaciones en cada operación. En este ejercicio no se pretende llegar al orgasmo, sino identificar las sensaciones y disfrutar cada una de ellas como una expresión particular, por lo que es importante no llegar a la relación sexual completa; si tú o tu compañero se excitan demasiado y se sienten tentados a romper el ejercicio, es necesario que se separen un rato hasta que se "enfríen" un poco, después continúen.

- El siguiente es un ejercicio de penetración. En esta sesión se deberán reproducir las sensaciones identificadas en los ejercicios anteriores a manera de "calentamiento"; cuando ambos se encuentren en un estado sexual completamente despierto y suficientemente excitados, él puede proceder a penetrarte. Una vez que se ha realizado la penetración, ambos participantes deben permanecer acostados y sin moverse, solamente disfrutando la sensación de estar juntos y dentro uno del otro. Si el hombre comienza a perder su erección, podrá friccionar lo suficiente para ponerse a tono, pero no más allá. En esta circunstancia trata de contraer tus músculos vaginales (que es lo que haces cuando paras el flujo de la orina). Permanezcan así algunos minutos, lo más que puedan aguantar antes de tener un orgasmo; si sienten que esto es inminente, sepárense de inmediato. Repitan este ejercicio varias veces, pero interrúmpanlo siempre cuando se encuentren a punto del orgasmo.

- En este último ejercicio se permite el movimiento. Tú te moverás primero para identificar tus sensaciones y concentrarte en ellas; después toca el turno de él. Ambos deberán moverse con suavidad y gentileza, atendiendo solamente a las sensaciones y sin la presión de llegar al orgasmo. Igual que en el ejercicio anterior, se deberá suspender al momento de sentir la inminencia del orgasmo. Después de practicado este ejercicio en varias sesiones, y si ambos participantes se consideran suficientemente preparados, podrán realizar todo el proceso y continuarlo hasta llegar al orgasmo.

Ejercicio de tacto

Se trata de una variante y complemento de los ejercicios de focalización; su finalidad es simplemente tocar diferentes partes del cuerpo e identificar las sensaciones que se producen, comunicándose ambos la intensidad de la sensación, igual que en los ejercicios anteriores. Lo más importante de estos ejercicios es tener siempre presente que cada quien es diferente y sus sensaciones también lo son, no solamente tratándose de sexos opuestos, sino que cada persona es distinta en cuanto a sus motivaciones sexuales. No importa qué tan experimentado sea tu compañero, tú eres única, por lo que él no sabe qué es lo que te estimula y tú tienes que decírselo; aunque no necesariamente en palabras, puede ser en actitudes y susurros, que es el mejor lenguaje para el amor.

Diferentes toques con las manos:

- Caricia
- Presión
- Pellizco
- Cosquilleo
- Masaje
- Jugueteo con las puntas de los dedos
- Palmada

Con la boca:

- Beso con la boca cerrada
- Beso con la boca abierta
- Toque con la lengua rígida
- Toque con la lengua flexible
- Chupar con los labios
- Soplar
- Mordisquear

Capítulo 8

El Mismo Hombre, Nuevos Placeres

- Cómo dar a tu relación un nuevo aire
- La cama será siempre la cama
- Las perversiones sexuales… y el último tabú
- El sexo y el tono muscular

"El sexo es algo físico, pero de ninguna manera tosco y grosero, a mí me gusta empezar con un buen masaje con aceites aromáticos, seguido por un jugueteo largo e intenso, de otra manera yo no creo que se justifique un orgasmo".

Sara

"A mi novio le encantan los 'rapiditos'; él no pone atención en los juegos preparatorios o en que yo necesite más tiempo para preparar el clímax. Es demasiado egoísta y yo estoy frustrada y decepcionada de él; finalmente el sexo se entiende como de dos personas, no es solamente para el placer del hombre".

Suzie

❖ Cómo dar a tu relación un nuevo aire

Cuando tú comienzas una nueva relación, el sexo se presenta como algo muy excitante por el simple hecho de ser una nueva experiencia, tanto que una mirada o el toque de su mano resultan muy significativos para ti.

Pero después de meses, o años, tu relación puede presentar muchos síntomas de aburrimiento, sobre todo si ustedes practican siempre la misma posición y hacen el amor en el mismo sitio y en la misma cama. Por supuesto que me acuerdo que antes dije que esto aportaba una gran intimidad, pero no siempre eso se traduce en un buen sexo, ¿no es cierto?

Pero tenemos buenas noticias para ti, en caso de que te encuentres en esa situación; resulta que los terapeutas sexuales dicen que hay métodos relativamente fáciles para dar nuevos aires a tu vida sexual y volverla a encender; aunque lo que ya no es tan buena noticia es que tú y tu pareja tienen que realizar un esforzado trabajo para cambiar algunos hábitos y patrones que probablemente se encuentren ya muy arraigados.

Al principio, estos métodos tal vez te parezcan ingenuos o demasiado mecánicos, pues uno de nuestros mitos es que el sexo debe ser "espontáneo" y "pasional", un sentimiento hecho de pura "química"; pero la verdad es que eso fue lo que creíste en los primeros días de tu relación y es por conservar ese criterio equivocado que ahora te consideras aburrida y frustrada.

Así que si te encuentras en disposición de probar algo nuevo, te presentamos la posibilidad de un nuevo aire sexual que se desarrolla en cinco pasos:

Primer paso: Votos de castidad

Resulta extraño, pero es la pura verdad que el primer paso para revitalizar tu sexualidad es dejar de hacer el amor una temporada. Esto se fundamenta en el principio de que al tener acceso ilimitado a cualquier cosa ésta se convierte en parte de una rutina cotidiana y se pierde significado, convirtiéndose en algo trivial y poco emocionante. Así que la primera actitud para recuperar la expectativa y la emoción del sexo es precisamente la abstinencia, lo que desde luego no significa el dejar de desear al compañero, sino el saborear la sensación que produce ese deseo e incrementarlo por el camino de la abstinencia.

Dice Bella: "En nuestros primeros tiempos, Paul y yo hacíamos el amor casi diario, pero poco a poco se fue perdiendo esa fascinación, hasta que por azar tuvimos que separarnos, pues Paul tuvo que instalarse una temporada en otra ciudad por motivos de trabajo y yo no podía estar con él sino de vez en cuando, algún fin de semana; pero esos encuentros estaban llenos de alegría y el sexo volvió a ser tan importante como antes". Hay que agregar que cuando

Paul volvió a su casa con Bella, ellos decidieron practicar periodos de abstinencia, aprovechando la enseñanza que les dejó aquella separación forzada: "Esperamos hasta que realmente ya no podemos más, después hacemos el amor largamente y de muchas maneras, como en los primeros tiempos".

Segundo paso: Un poco de vulgaridad

Si tú tienes una relación sólida y de largo plazo, piensa en esto: ¿Cuándo fue la última vez que hiciste el amor con parte de tu ropa puesta? Probablemente la respuesta es que eso solamente sucedía al principio de la relación.

La mayoría de nosotros llega a rutinizar tanto el sexo que el desvestirse ya no se vive como una emocionante expectativa, sino como un acto natural; nos quitamos las ropas como si fuéramos a practicar algún deporte y concebimos nuestra desnudez precisamente como el uniforme que se requiere para la práctica de ese deporte. El consejo de los terapeutas en este sentido es muy simple: "desvístanse lentamente".

Comenzar el juego sexual con la ropa puesta te da más tiempo para besos y caricias que pueden ir subiendo de tono, como en el sexo adolescente, lo que puede ser muy excitante para ambos y permite que las caricias y los toques tengan cada vez diferente ángulo y perspectiva, con lo que se logran nuevas sensaciones; todo esto se traduce en un juego de seducción al que fácilmente renunciamos cuando aparentemente "ya no es necesario", rara vez hacemos el amor con las medias puestas o alguna prenda de lencería refinada, lo que bien parece un estereotipo de película, pero funciona perfectamente.

El desvestirse mutuamente en otro lugar que no sea la recámara agrega emoción al asunto, pues también hemos sacralizado demasiado la recámara y la cama en la que suceden siempre las mismas cosas.

Si a ti te perece un poco tonto andar en ropa interior en la cocina, te da vergüenza esa forma de exhibicionismo, o la consideras demasiado vulgar, debemos señalarte que en una encuesta reciente el 93 por ciento de los hombres dijeron que para ellos el mejor estímulo era el ver a su mujer en ropa interior, especialmente lencería sofisticada.

Tercer paso: Disfrute los preparativos

Tal vez esto suene extraño en un libro dedicado al orgasmo como finalidad del sexo; pero la verdad es que muchas de las parejas que ya han logrado una identificación sexual van creando sus perfectas rutinas para llegar al orgasmo, y dichas rutinas van siendo cada vez más estereotipadas y rápidas, con lo que finalmente pierden interés en el sexo mismo, tomándolo como un medio para lograr un fin que tarde o temprano deja de presentarse, o se presenta con baja intensidad. También hemos dicho en este libro que no hay que preocuparse demasiado por llegar a la meta, sino disfrutar cada momento del viaje.

Recuerda las técnicas de focalización en las que se pretende sensibilizar el cuerpo para cultivar una sexualidad más rica. Ese es el sentido de la experiencia que proponemos en este apartado, en el que tampoco se trata de llegar al orgasmo, sino de aprender a disfrutar cada momento del proceso.

Por lo menos durante media hora, ya sea sentados o acostados, los amantes se desnudan lentamente uno al otro, disfrutando de la vista, el aroma y el tacto de cada área descubierta. En esta fase hay que evitar la estimulación directa de las zonas genitales o de "alta intensidad", pues se trata de recuperar la sensibilidad y el entusiasmo que se haya perdido en la rutinización.

Hay que poner atención en las sensaciones que produce cada toque, cada beso y caricia, como si cada cosa fuera única y suficiente en sí misma y no una manera de correr hacia una meta; esto nos permitirá superar la prisa y el aburrimiento de la rutina, así como revivenciar los momentos de emoción que originó nuestra relación, aprendiendo a reconocer un mundo de nuevas emociones abiertas a la experimentación creativa.

Cuarto paso: Tiempo de jugar

Los llamados "juguetes" sexuales, al igual que la lencería y otros accesorios son buenos para despertar nuestras sensaciones e imágenes mentales. El descubrir qué es lo que te gustaría usar es ya un proceso erótico y puede ser muy excitante, recordando siempre que lo importante es el jugador y no el juguete, por lo que no es necesario acudir a la "alta tecnología" de las "Sex Shops", sino estimular la imaginación a fin de reconocer que muchas cosas que se encuentran a nuestro alrededor podrían adquirir significados eróticos si proyectamos sobre ellos nuestras fantasías y nos permitimos integrar todos los sentidos al erotismo.

Las velas aromáticas pueden crear estupendos ambientes de penumbra y al mismo tiempo deleitar nuestro olfato, un simple cubo de hielo puede producir sensaciones nuevas y muy estimulantes en algunas zonas de tu piel, las cremas pueden ayudar a descubrir sensaciones táctiles inéditas; tal vez una fruta pueda ser usada para "dar sabor" al sexo oral; una mascada de seda puede ser algo maravillosamente energético cuando corre con sutileza sobre tu piel desnuda. Las posibilidades son infinitas, lo mismo que tu imaginación.

> "A mí me gusta mucho jugar, sobre todo los fines de semana, cuando tenemos todo el tiempo para nosotros. La semana pasada organizamos una sesión en la tina del baño, con muchas burbujas y aceites aromáticos. En esa ocasión estuvimos leyendo en voz alta algunas fantasías sexuales de un libro y jugamos a llevarlas a la escena, lo que

> fue muy excitante y nos permitió jugar por mucho tiempo".
>
> *Melanie*

Por el lado de la técnica, los juguetes sexuales más interesantes son los vibradores; aunque todavía se les considera una especie de "tabú"; muchas personas los ven como algo "sucio" o "perverso", y otras piensan que son "consoladores" para mujeres que no tienen la fortuna de relacionarse con un hombre de verdad. Pero ahora las cosas están cambiando; en muchas recámaras de parejas casadas hay por ahí, escondido, un vibrador. En las investigaciones sobre la vida sexual de mujeres jóvenes aparece el dato de que muchas poseen un vibrador aunque tengan una vida relacional activa, pues no los usan como sustitutos, sino como un complemento de su sexualidad.

> "Para mí, el vibrador es como una garantía para el orgasmo. ¡Gasto mucho en baterías! También me excita mucho ver películas de sexo y las revistas 'porno', pero no las veo muy seguido, pues pienso que perderían su efecto".
>
> *Rachel*

Rachel disfruta los videos porno como muchas otras mujeres en el mundo; en la Gran Bretaña se estima que por lo menos el 40 por ciento de los clientes que rentan películas triple X son mujeres.

Quinto paso: ¡Vamos por ello!

Finalmente, llegó el tiempo de reconectarse completamente; pero en vez de volver a sus antiguas posturas (probablemente la tradicional de "los abuelitos"), traten de vivir una experiencia tipo *Kama sutra.*

Después de una larga sesión de "calentamiento" usando las técnicas antes descritas, acuéstense juntos en la cama y comiencen a tocarse a fondo, pero sin apresurar las cosas; después de unos minutos, dirige la cabeza de su pene hacia la entrada de tu vagina, de manera que estimule tu clítoris con suavidad, sigue así por unos momentos, saboreando la experiencia; después permite la penetración, pero no total desde un principio, sino en etapas de profundidad, moviéndose hacia adentro y hacia fuera hasta que se llegue a la inserción total.

Cuando él o tú se encuentren a punto del orgasmo, dejen de moverse y disfruten de la sensación de estar adentro pero sin la urgencia de llegar al clímax en ese momento; cuando se hayan mesurado un poco sigan moviéndose hasta que llegue el momento en que simplemente ya no puedan parar, entonces déjense ir.

Para hacer más interesante y productivo este ejercicio, pueden practicarlo de vez en cuando con los ojos vendados, así encontrarán una mayor concentración en lo que su cuerpo está sintiendo.

❖ Sexo en lugares diferentes

¿Por qué te atrae tanto la idea de hacer el amor en sitios fuera de lo común? En realidad las camas son lo ideal para el sexo; son planas, mullidas, cálidas, confortables... ¿por qué entonces recordamos con tanta emoción alguna vez que lo hicimos en un lugar "raro"?

Una de las respuestas es que la ruptura de los estándares de la normalidad es siempre más interesante y deja un recuerdo; si se hiciera una gráfica de los lugares donde la gente hace el amor, la barra que representa la cama sería mucho más alta que las otras que pudieran significar las mesas, las tinas de baño, los armarios o los baños de los aviones. Obviamente, esos lugares diferentes son objeto de mayor consideración.

Si partimos de la idea de que lo raro y excéntrico es lo memorable, estaremos en la disposición de creer que el sexo en condiciones especiales es más excitante, e incluso podemos fantasear con que en esas circunstancias nos gana la pasión y olvidamos completamente la prudencia y, por supuesto, la comodidad.

Anna nos expresa su opinión al respecto: "Muchas veces es la situación lo que me estimula, más que el acto mismo. Después de todo el sexo es solamente sexo, es la imaginación la que juega la parte principal. A mí me emociona mucho la idea de ser descubierta;

por ejemplo, yo he tenido sexo dos veces en la sala de la casa de huéspedes donde vivo mientras los demás inquilinos se encuentran en sus habitaciones o están fuera de casa; la idea de que nos descubran hace que mi despertar sea más rápido y también llego al orgasmo rápidamente y lo siento más intenso".

Suponiendo que a ti te gusta el sexo en lugares de riesgo, ¿significa eso que no tienes respeto por la autoridad? Probablemente no. Los psicólogos dicen que las personas sienten la emoción de ser sorprendidas en delito flagrante, generalmente son respetuosas de las normas sociales y en realidad manejan eso como una fantasía.

> "Hay algo muy personal en eso de tener sexo en lugares extraños; la verdad es que a mí no me emociona demasiado, sino que me da la sensación de tener algo íntimo y secreto. Yo he tenido sexo en varios lugares dentro de las oficinas donde trabajo, y cada vez que paso por un cierto escritorio, o las escaleras que conducen al techo, pienso: 'es aquí donde estuve con Philip'; es como un juego que hago conmigo misma".
>
> *Ruth*

Más que cualquier otra cosa, tenemos sexo en lugares diferentes precisamente porque queremos marcar una diferencia respecto de lo común y convencional, lo que es como un homenaje para nuestro amante y para nosotras mismas, pues eso es algo que quedará en la mente de ambos, probablemente para siempre. Aunque también queremos probarnos que somos pasionales y un poco salvajes, lo que no deja de ser muy valorado en términos de conducta sexual.

Si queremos practicar algo así, no es necesario elegir un lugar verdaderamente inusual o peligroso; psicológicamente puede ser tan satisfactorio hacerlo en el piso de la cocina de nuestra casa como en un parque público, lo que importa es fijar la noción de un momento especial en un lugar especial, lo que para la gente normal es una manera de expresar amor.

❖ ¿Qué tan perverso es lo perverso?

Supongamos que él quiere experimentar algo nuevo en la cama; algo realmente nuevo. ¿Dónde colocar la línea entre los normal y anormal, entre lo sano y lo perverso?

Imagínate que una noche tu adorado compañero te sale con un ingrediente nunca visto en la ensalada sexual de todas las noches. O de pronto te pide que le digas "groserías" o "cosas sucias" durante el sexo. ¿O qué tal si saca unas cuerdas y quiere atarte de pies y manos? Cualquier cosa que sea, digamos que a ti te suena como si te pidiera que te comieras una lagartija viva. Pero tú no quieres pasar por mojigata, ¿verdad?; y piensas que el amor es un compromiso total, ¿no es verdad? Tú no tienes que negarte a nada que satisfaga a tu compañero, ¿verdad? Pues no, nada de eso es verdad. Tú no tienes por qué acceder a prácticas sexuales que te molestan o repugnan, por más que tu compañero las considere simplemente divertidas o "diferentes". Antes que nada, debes confiar en tus instintos; si tú te sientes incómoda con esa clase de sugerencias, analiza por qué él quiere hacer una cosa que tú no quieres.

La verdad es que una sugerencia de este tipo puede revelar aspectos de tu relación que tú preferirías ignorar. Es muy común que la gente revele en el sexo facetas de su intimidad que normalmente se encuentran profundamente inhibidas, lo que no siempre es negativo, sino muchas veces liberador, pero si a ti no te gusta lo que vas descubriendo en tu pareja durante el sexo, lo más probable es que tu relación tienda a fracasar, y desde luego tu capacidad para tener orgasmos con él puede desaparecer.

Es muy lamentable que alguien a quien tú pensabas conocer a fondo y amarlo ponga en evidencia ciertos rasgos de su personalidad que a ti te resulta difícil aceptar. Para mucha gente incluso el hablar acerca del sexo perverso resulta inquietante; todos nos ponemos un poco nerviosos con eso; tal vez es por ello que esos temas generalmente se tratan a manera de chistes que generalmente sólo se cuentan con las amigas en ausencia de hombres. Tal vez nos parezca graciosa la historia de un hombre que sólo tocaba a las mujeres con guantes de goma. Pero no te parecerá nada gracioso que tu amante de pronto se ponga unos guantes de cirujano para introducir sus dedos en tu vagina.

Esta clase de manifestaciones sexuales también pueden hacer que tú misma encuentres las pautas para analizar tu sexualidad y descubrir tal vez algunos deseos ocultos que pudieran hacerte daño, o que tal vez debieran despertarse para hacer tu vida sexual más plena; como dijimos al principio, la línea divisoria entre lo sano y lo perverso es muy difícil de trazar, y debe considerarse parte de un proceso de conocimiento íntimo y personal.

Pero... si ambos son felices

El sexo propiamente perverso debería ser objeto de tratamiento psiquiátrico, pero muchas manifestaciones que se salen de lo "normal" difícilmente podríamos calificarlas de perversiones, y en esta clase de actitudes la única regla es el disfrute personal y el acuerdo al que se llegue en pareja; si ambos se excitan y gozan con el uso de cierta ropa, con las "palabrotas", o con fuertes palmadas en el cuerpo, no tendría por qué haber ningún problema en la relación y se puede ir tan lejos como lo permita la seguridad personal y el sentido común.

Muchas de nosotras tenemos ciertas motivaciones excéntricas o "perversas", pero normalmente las manejamos como fantasías antes o durante el sexo, lo que no pone en riesgo la relación ni resulta peligroso en la vida real.

> "Yo recuerdo que una vez le sugerí a un muchacho que quería estar arriba. Él me miró extrañado y me lo reprochó diciéndome que era 'rara'. Por supuesto que esa relación terminó en aquella ocasión".
>
> *Lucy*

¿Qué es sucio... o perverso?

Es muy difícil establecer la diferencia entre una sugerencia erótica que parece rara o excéntrica y otra que pudiera ser auténticamente perversa. Esto sucede porque generalmente se suscita una ambivalencia en el interior de la persona, pues por una parte se siente excitada por las imágenes que genera esa sugerencia, mientras que por otro lado se siente ofendida o desdichada. En ciertas circunstancias también se despierta una curiosidad que nos indica "probar" aquello que se nos propone, pero mezclada con el miedo a sentirse denigrada, o bien a que resulte placentero para nosotras mismas y esto cause una fuerte contracción con los valores culturales.

Los terapeutas sexuales nos dan esta enseñanza: "lo que hace que una acción sea perversa o no es el efecto previsible que pudiera causar en la relación, ya sea que la favorezca o la dañe".

Esto nos permite elaborar ciertos criterios básicos: ¿será posible que eso, a largo plazo, nos una más?... ¿o será al contrario, nos perjudicará?... Aunque también podríamos avanzar un poco más en nuestros criterios, evaluando el carácter de esa actitud: ¿Existen rasgos de afecto y comprensión?... ¿o es un acto de agresión y control?

Por ejemplo, si tu compañero te sugiere que sería interesante incorporar a un tercero a la relación lo que se llama un *menage a trois*, tú puedes sentir que eso sería una especie de traición, que él está frustrado porque no alcanza su satisfacción contigo, o que una parte de su personalidad es de índole libertina u orgiástica.

Sin embargo, por otro lado pudiera haber muchos "tonos" que te pueden llevar a diferentes juicios y sentimientos. Él pudiera haberlo planteado como una imposición, o tal vez haber sugerido al posible tercero (sí es hombre o mujer tu interpretación sería distinta). Pero si él lo ha planteado como una fantasía que ocasionalmente pudiera hacerse realidad la cosa sería muy distinta, porque seguramente tú también has tenido esa clase de fantasías, por lo que no es algo que te parezca realmente extraño, además de que no lo podrás considerar una imposición.

La percepción es diferente porque, aparentemente, la intención es "sana" en términos de relación de pareja, puesto que se trata de enriquecerla y no de dañarla. En estas consideraciones no cabrían los juicios éticos, a no ser que un tercero saliera perjudicado.

"Normalmente yo me siento bien diciendo palabrotas durante el sexo; pero sólo lo hago si siento que mi compañero me respeta. Yo creo que alguien que no te quiere no entiende realmente por qué haces algo, pues lo mismo significa distintas cosas en la relación con tu pareja. Con mi último novio yo no decía palabrotas, pero él sí lo hacía, lo que a mí me molestaba mucho, porque en él las palabras sucias realmente sonaban sucias, groseras, agresivas; en su caso era la expresión de un macho vulgar".

Stacy

¿Y por qué no?

Muchas veces las sugerencias "indecentes" no te repugnan del todo y estarías dispuesta a realizarlas, pero te da miedo el que si te prestas a ello tenderá a repetirse constantemente o se volverá una necesidad para él, lo que a ti te crearía un problema y finalmente sería nefasto para la pareja.

Digamos que tú te dejas grabar en video desnuda y en posiciones eróticas, y al verte en la pantalla decides que no te gusta el asunto; pero ¿qué tal si a él le encanta y llega a poner una cámara oculta para grabarte en la cama sin tu voluntad? ¿y qué tal si él accede a no seguir haciéndolo pero pierde interés en la relación? Por otro lado, si tu accedes a seguir con los videos a pesar de que no te gusta y él está feliz de que tú hagas algo que te molesta para satisfacerlo a él, tendrías que considerar entonces el egoísmo básico de tu pareja y lo que eso significa para tu relación a largo plazo.

Pero supongamos que él es tolerante, sigue amándote y no te obliga a hacer lo que no te gusta. En ese caso debes tener mucho tacto para desactivar esa tentación en él, pues de otra manera tu propia actitud puede ser interpretada como una forma de egoísmo, rompiendo esa noción del dar y recibir que es vital para el buen sexo. Por qué no escuchar con atención y tomar la cosa en serio cuando tu compañero te pide que te disfraces de "Fifí la recamarera francesa" o algún otro personaje de farándula. No es conveniente que te rías de él o que te apresures a sentirte ofendida sin analizar a fondo sus posibles motivaciones. Si tú simplemente rechazas la idea, no te quejes si él toma a la ligera si le pides que haga un trabajo más largo de calentamiento antes de la penetración.

Si te planteas con sinceridad y sin prejuicios las necesidades de tu compañero y evalúas tus propias motivaciones, podrás encontrar tus límites, y ese será el criterio que te dará seguridad y evitará que lastimes tu relación.

❖ El último tabú

Tal vez la más inquietante de las ideas "perversas" sea el sexo anal. Los investigadores sexuales aseguran que es muy difícil localizar información del tema. Una encuesta realizada en Inglaterra, con una muestra de 20,000 personas, encontró que el 12.9 por ciento de las mujeres habían intentado el sexo anal por lo menos una vez en su vida, y en el caso de los hombres resultó el 13.9 por ciento. La mayor incidencia de casos en las mujeres se concentra en las jóvenes (entre 18 y 23 años). En encuestas internacionales se encuentran datos tan variables como el 20, 40 o hasta el 72 por ciento de las mujeres encuestadas. A partir de estos estudios, lo único que podemos concluir es que no podemos estar seguros de nada, y que el sexo anal es tan misterioso ahora como antes.

> "Es algo muy contradictorio para mí, pues me siento sexy, libre y sin límites. Admito que me gusta la idea a pesar de que considero que es una cosa sucia, lo siento como una fantasía secreta".
>
> *Kerry*

> "Yo soy muy tímida en la vida cotidiana, y creo que eso lo perciben los hombres y procuran dominarme en la cama, lo que en realidad disfruto mucho; cuando me lo hacen, yo siento con mucha intensidad. Yo pienso que a los hombres les satisface, a ellos les gusta el poder".
>
> *Karin*

Para muchas mujeres, el sexo anal es una manifestación de verdadera confianza, ellas sólo lo permitirán con un hombre que aman y en quien confían plenamente.

> "Yo estoy segura de que mi novio se detendrá cuando yo se lo pida. Yo lo coloco exactamente en el lugar y soy yo la que se mueve, tú tienes que confiar plenamente en tu compañero para sentirte segura, pues esto es algo que te puede hacer mucho daño".
>
> *María*

Aunque muchas mujeres disfrutan el sexo anal, es justo señalar que son los hombres quienes más lo desean, en parte porque ese conducto estrecho les produce una sensación de completo contacto en el pene y la fricción es muy estimulante, además de que el panorama de tu cuerpo con el trasero al aire les resulta muy satisfactorio; pero más que eso, es un acto que los hace sentir muy poderosos y controladores. El sentido animal del acto y su característica de pecado o prohibición, hace que sea irresistible para muchos hombres.

Esas diferencias de interés respecto del sexo anal entre los sexos también tiene que ver con las diferencias anatómicas. El recto de los hombres es más sensitivo que el de las mujeres, puesto que se encuentra muy cerca de la próstata, que es la glándula que produce el fluido seminal; es por ello que muchos hombres encuentran muy excitante el ser tocados con el dedo en esa área dentro de su recto e incluso pueden alcanzar el orgasmo por este medio. Esto no significa que sean homosexuales, todos los hombres pueden ser estimulados de esta manera, es parte de la anatomía masculina; además de que el área entre la base del pene y el ano el perineo es también muy sensitiva en los hombres y el toque en esa parte puede producirles mucho placer, es por ello que los hombres asumen que las mujeres disfrutan el sexo anal.

No gracias

Muchas veces los hombres no saben (u olvidan) que el umbral de dolor físico en las mujeres es muy bajo y que el sólo pensar en el coito anal puede generarles una sensación de ansiedad por la previsión del dolor; aunque las complicaciones físicas son raras, a no ser que el acto se realice con violencia, lo que puede producir desgarramientos en el recto.

> "No me gusta nada la idea del sexo anal, yo no tengo prejuicios sexuales pero soy perfectamente capaz de decir 'NO' a lo que no me gusta. Una vez que mi novio me lo sugirió, yo le respondí 'está bien; pero me dejas hacértelo a ti primero, con mis dedos'. Eso lo desconcertó mucho y solamente me dijo que le dolería y después se quedo callado y no insistió en ello".
>
> *Rosie*

> "Mi novio me estuvo presionando por meses para que lo hiciéramos, finalmente lo permití para que no pensara que yo era puritana, pero terminé llorando por el dolor y después me sentí enojada con él".
>
> *Lynn*

Muchas veces las mujeres nos negamos al sexo anal porque sentimos que eso es convertirnos en un simple objeto de placer del hombre, como si fuéramos un juguete sexual.

A veces pensamos que la sugerencia de él significa que en el fondo es homosexual. Los sexólogos señalan que el sexo anal que los hombres desean de la mujer no significa que ellos tengan tendencias bisexuales u homosexuales y que a la mayoría de los heterosexuales les entusiasma la idea.

Un comentario final: El sexo anal es una actividad de alto riesgo en lo que se refiere a la transmisión de enfermedades venéreas, incluyendo el VIH, que es el virus del sida.

Las paredes del recto no son tan fuertes y flexibles como las de la vagina, lo que significa que tú puedes sufrir excoriaciones y sangrado, lo que es la condición básica para la infección del VIH. Desde luego, en cualquier relación con un hombre relativamente desconocido es imprescindible el uso del condón, incluya o no el coito anal.

❖ Trabajando tu orgasmo

Todo en esta vida se cultiva por medio del ejercicio, tu clímax no es la excepción, pero es necesario que sepas cuáles músculos ejercitar.

Las mujeres podemos entrenar nuestros músculos internos para adquirir mayor elasticidad y "tono muscular"; eso favorece mucho a tu amante y es también fundamental para ti, pues te permite tener orgasmos mejores y más frecuentes.

El principal músculo a ejercitar es el llamado pubocigeico (PC), o "músculo del piso pélvico". Para que tengas una idea de qué se trata, es el músculo que pones en acción cuando tienes muchas ganas de orinar y no hay un baño cerca. Cuando tú experimentas el orgasmo, el PC se contrae en pulsaciones rítmicas. Se trata de un músculo trenzado con la apariencia de un 8 que va del cóccix al fondo de la vagina, en la parte del frente, y está en contacto con tu recto, vejiga y uretra; prácticamente es "el piso" en el que se asientan tus órganos internos, de ahí su nombre.

A diferencia de las paredes de la vagina, que tienen pocas terminales nerviosas, el músculo PC es rico en ellas, lo que significa que mientras más flexible sea este músculo recibirá más sangre y se activarán las terminales nerviosas, con lo que tú tendrás mayor sensibilidad en esa área; además, como un producto secundario de la ejercitación de este músculo, tú puedes proporcionar a tu pareja un gran placer manejando las contracciones musculares internas, con lo que podrás presionar su pene.

Tonificación interna

El método más recomendable es el llamado *Kegel*, que es una rutina de ejercicios desarrollados por el Dr. Kegel en los años cincuenta. Esto comienza por sensibilizarte de la existencia de tu músculo PC, lo que se logra al realizar conscientemente las mismas contracciones que haces cuando tienes ganas de ir al baño; se trata de tensar y relajar ese músculo por lo menos veinte veces diarias, haciéndolo rápidamente; en unas cuatro semanas notarás una diferencia en cuanto a la sensibilidad de la región pélvica, lo que significa que el músculo esta "despertando".

Pero si realmente deseas alcanzar un buen tono muscular, como un deportista de "alto rendimiento", deberás practicar los siguientes ejercicios por lo menos una media hora diaria durante seis meses:

Pulsación muscular: Contando con que ya tienes la suficiente sensibilidad para reconocer tu músculo PC, contráelo y aflójalo durante cinco minutos en pulsaciones rápidas. Al principio sentirás una especie de rigidez en el abdomen, pues al tiempo que pulsas tu PC, los músculos de tu estómago también se tensan, lo que no es preocupante, sino al contrario, pues eso le da mayor firmeza a tu vientre. Es conveniente que este ejercicio se practique en coordinación con la respiración, aspirando al contraer el músculo y espirando al relajarlo; sentirás una especie de hormigueo en el bajo vientre, lo que significa que el ejercicio está funcionando, pues hay una mejor irrigación sanguínea en esta región.

Cerrar el músculo: Ahora que ya tienes identificado el músculo y vas adquiriendo elasticidad, debes concentrarte en "cerrarlo", lo que en realidad significa contraerlo de una manera más directa y específica, esto es, más allá del efecto que causa la contracción de los músculos aledaños. Deberás realizar este ejercicio con el estómago vacío. Contrae el músculo lo más que puedas y manténlo así durante seis segundos, coordinando tu respiración de la manera descrita arriba; al espirar ve soltando el músculo lentamente. Haz este ejercicio por cinco minutos.

Rotación de la pelvis: Acuéstate en el piso y levanta las piernas flexionadas con las rodillas arriba, o si te resulta muy incómoda esta posición ponte de rodillas con una almohada entre las piernas. Con tu estómago vacío respira hondo y lanza tu pelvis hacia delante con un movimiento rotatorio; al espirar lanza tu pelvis hacia atrás, también rotando tu cadera. Este ejercicio también deberá hacerse por cinco minutos.

Estos ejercicios benefician a todas las mujeres, pero son especialmente recomendables para aquellas que han dado a luz y notan un ensanchamiento vaginal y pérdida de sensibilidad.

Capítulo 9

Las Actrices de Cama

- ¿Por qué muchas mujeres fingen el orgasmo?
- ¿Vale la pena la actuación?
- Los sonidos del placer
- El arte de atizar el fuego

"Yo nunca he mentido ni pienso hacerlo. Soy tan buena para fingir que se me nota la mentira; si estoy aburrida o cansada simplemente le pido a mi pareja que termine. Además, yo creo que los hombres se dan cuenta cuando finges".

Scarlet

"A veces finjo el orgasmo; muchas veces porque no quiero que mi novio se sienta frustrado y otras veces porque ya quiero dar por terminado el acto. Pero ahora ya no quiero seguir haciéndolo, preferiría sincerarme con mi pareja y decirle lo que quiero hacer para sentir un verdadero orgasmo, pero todavía me da vergüenza el hablar con claridad; tengo que trabajar en eso".

Jo

❖ Confesiones de mujeres

Por qué finjo el orgasmo…

"El primer orgasmo con mi examante fue muy dramático: sentí una especie de retorcimiento en todo el cuerpo y hasta grité, por lo que él se emocionó tanto que después esperaba siempre lo mismo de mí; pero como no pasaba nada él se sentía mal y yo creía haberlo lastimado en su orgullo; así que si no sucedía nada yo simplemente actuaba un orgasmo sensacional y me echaba a un lado a dormir".

Leane

"Yo hacía muchos ruidos guturales y toda clase de aspavientos, como si en ese momento me encontrara en un paraíso de placer; después miraba con ternura a los ojos de mi pareja y pronunciaba un sentido 'gracias'. Yo no sé si realmente convencía al tipo, pero desde luego nunca se lo pregunté. Ahora pienso que en aquellos tiempos yo era muy inmadura sexualmente, tenía el erotismo de una alumna de colegio de monjas, pero la estructura emocional de un mosquito".

Anna

"Algunas veces fingía durante la relación, principalmente porque tomaba en cuenta los sentimientos de mis amantes, y también para que no pensaran que había algo malo en mí. Yo sé que no tengo problemas porque conozco bien mi cuerpo; pero tengo que estar completamente quieta para poderme concentrar en mi orgasmo; así que prefiero que mi compañero no se mueva dentro de mí y entonces yo me masturbo, lo que para mí está muy bien, pero creo que no tanto para los hombres, pues su instinto les indica el movimiento de entrada y salida".

Joanna

"Yo sí acostumbraba fingir; pero mi compañero se dio cuenta. A mí me complace mucho hacer el amor con él, pero él se tarda más tiempo del que a mí me gusta; por lo que de vez en cuando yo lo daba por terminado con una glamorosa escena. Hasta que una noche él me dijo que prefería que le dijera que termináramos en vez de estar haciendo esas actuaciones. Claro que yo me mostré ofendida, me puse a llorar y toda la cosa; pero comprendí que aquello también era una actuación y que debía aceptar que él tenía razón; las cosas tienen que suceder en la realidad o no suceder; después de todo siempre hay una próxima vez".

Sharon

"Yo siento que no debo fingir, yo me considero amiga de mi compañero sexual y por eso podemos hablar con toda franqueza, y así quiero que sea con mis futuros compañeros; decirles lo que me gusta y también saberlo de ellos; he aprendido que eso es siempre preferible en el amor".

Tracey

"Yo nunca miento en eso, lo más importante de una relación es la confianza mutua; cuando ya no quiero seguir con el sexo simplemente se lo digo a mi pareja, pero siempre haciéndolo sentir que no es su culpa; le doy un gran abrazo y le digo que lo quiero mucho, por lo que no hay problema".

Suzie

"Si yo sé que esa noche no va a suceder no tiene caso dejarlo que siga en el meter y sacar, yo prefiero cambiar a la posición 69 y así usar mi boca para estimularlo y él también lo hace en mí, por lo que siente que me está produciendo un gran placer; yo me he dado cuenta de que los hombres necesitan creer que están complaciendo a su pareja para sentirse ellos mismos satisfechos y eso es suficiente para ellos".

Sasha

"Yo nunca finjo un orgasmo. Tengo veintiún años y solamente he tenido un compañero sexual; pero me siento muy a gusto con él. Yo me considero una persona tímida, pero cuando estoy haciendo el amor me vuelvo muy desinhibida y puedo expresar mis opiniones, cuando estás ahí, acostada y desnuda junto a otra persona, ya no queda nada por ocultar.

Nikki

❖ ¿Vale la pena la actuación?

Veamos unos datos interesantes, tomados de una encuesta inglesa:

¿Alguna vez has fingido un orgasmo?

Si: 56% No: 44%

Si alguna vez has fingido, ¿por qué lo has hecho?

Para dar por terminado el acto	26%
Para complacer a mi pareja	25%
Yo estaba cansada	11%
Estaba aburrida	9%
Para evadir la confesión de no tener orgasmos	3%
Porque sentía molestias o dolores	2%

¿Reconoces esta escena?: "Si yo puedo aguantar un poco más" —piensa él con desesperación— "ella se va a venir, eso es evidente, ¡está a punto!" — ella ronronea y gime con los ojos cerrados y la boca entreabierta; se aferra fuertemente del cuerpo de él y de pronto grita y se estremece; unos segundos después cae exhausta— "¿Qué tal estuvo?" —dice él, acostado a su lado— "¡Maravilloso!" —responde ella, como perdida en una ensoñación.

A no ser que realmente se haya tratado de una obra de arte sexual, lo que ella está haciendo es una puesta en escena de un orgasmo ficticio.

En este momento, alrededor del mundo están ocurriendo literalmente millones de escenas como ésta. Consideremos los datos de la encuesta descrita arriba: un 56 por ciento de las mujeres fingen orgasmos, y muchas de ellas seguramente lo han hecho infinidad de veces.

Parece que las relaciones de pareja han cambiado sustancialmente en los últimos tiempos y sin embargo, lo seguimos haciendo. Escuchemos al terapeuta sexual Jan Hall: "Los hombres piensan que las mujeres desean una sesión sexual muy larga, pero para muchas mujeres el hacer el amor por mucho tiempo les produce algo más que molestias y cansancio".

Esto concuerda con la principal razón que han expresado las mujeres en páginas anteriores: se trata de dar por terminado el acto, lo que sucede especialmente si su compañero ha tomado unos tragos. Dice el Dr. Hall: "A muchos hombres se les despierta la lujuria con el alcohol, lo que se complementa con una baja en la sensibilidad de su pene, por lo que pueden hacer el amor la noche entera sin eyacular". En estas condiciones a la mujer no le queda más remedio que fingir un orgasmo para poder dormir el resto de la noche. Se podría argumentar que una salida más fácil es decirle al compañero que ya estuvo bien por ahora y que es tiempo de descansar, pero muchas mujeres no quieren herir los sentimientos de su pareja, y muchas otras fingen porque quieren reforzar la natural egolatría de sus amantes.

Tal vez el evitar una confrontación sea el principal motivo de la actuación, como dice el Dr. Hall: "Es más fácil hacer cosas que nos siguen dañando que hacer lo necesario para reparar el daño; es más fácil seguir fumando que dejar de fumar; y es más cómodo seguir fingiendo que meterse en un complicado proceso de comunicación".

¿Cuál es el problema?

Si tú tienes tu orgasmo el 80 por ciento de las veces y él lo tiene el 100, ¿hay algún problema en fingir de vez en cuando? esto es siempre una decisión personal, nadie puede decirte qué es lo mejor en tu vida sexual. Además de que en este tema incluso los expertos tienen opiniones divididas; por lo visto el Dr. Hall piensa que no hay problema: "Algunas veces simplemente pasa y no es algo que la mujer se proponga con toda conciencia; además de que se trata simplemente de una mentira blanca".

Pero el psicólogo clínico Eric Fleming no está de acuerdo: "Hacer el amor no es solamente el tener orgasmos. El hombre no está fallando si la mujer no tiene un orgasmo y tampoco ella misma. Es un hecho que mientras ella tenga una presión para tener orgasmos, las probabilidades de tenerlos son menores y también aumenta la tendencia a fingirlos. Imaginémonos la frustración de un hombre que se entera después de diez años de relación que su mujer nunca ha tenido un orgasmo real con él".

Hablemos de sexo

La mayoría de los terapeutas sexuales están de acuerdo en que la conducta más deseable es la comunicación en el seno de la pareja, lo que desde luego incluye el análisis de por qué tú no tienes un orgasmo con él. Dice el Dr. Hall: "Si tú le dices que estuviste a punto de tener un orgasmo, pero cuando él te preguntó si ya lo habías tenido lo perdiste, la próxima vez él se abstendrá de preguntarte esas cosas y las probabilidades serán mayores".

Pero siempre es mejor no tener esta clase de comunicación en la cama, y mucho menos inmediatamente después de haber hecho el amor. Espera a que ambos se encuentren relajados y en un ambiente que no sea sexual, como ya hemos dicho antes; dile que tú quieres analizar tu sexualidad junto con la suya para mejorar ambos; explícale que tú no siempre tienes orgasmos durante el sexo, pero que eso está bien porque no es necesario que los tengas para disfrutar del sexo con él.

Una vez que te hayas sincerado con él te quitarás una presión de encima, pues ya no existirá la expectativa de llegar siempre al orgasmo y cada vez será más fácil hablar de lo que se necesita para que tú alcances la cumbre. ¿Es porque te cansas muy rápido? ¿Han considerado la posibilidad de que se trate de un asunto físico que requiera una consulta médica? Tal vez se trate de alguna actitud física o psicológica inadecuada tuya o de él. Si él no está haciendo lo que a ti te conviene sigue los consejos que hemos dado antes para dirigir sus acciones de una manera clara y amigable. Recuerda siempre que en cualquier actividad que implique una relación humana se requiere una retroalimentación para que las cosas funcionen.

¡Actúalo cuando esté sucediendo!

Esta es una técnica curiosa, pero muy efectiva para incrementar la calidad y cantidad de orgasmos, y en general aumentar el placer sexual. Es una técnica "histriónica" porque se trata de actuar, o más bien dicho "sobreactuar" lo que en realidad está sucediendo, con el fin de que el cerebro establezca las conexiones que en el futuro nos permitirán sentirlo con mayor realismo.

Si tú llegas al orgasmo mediante la masturbación, trata de sobreactuar las reacciones que se dan en tu cuerpo de manera natural: cuando tu respiración se agite, tú finge una mayor agitación; con cada toque agradable ronronea o susurra con gran convicción, dando signos de un intenso placer. Dice el Dr. Hall: "Cuando sientas que se aproxima el orgasmo, comienza a actuar como si ya estuviera ocurriendo; eso te llevará a la cima, y a partir de ahí ya todo es involuntario".

Todos los expertos, y muchas de las mujeres que han dado los testimonios que conforman este libro, están de acuerdo en algo fundamental: "El problema no se va a resolver solo, tú tienes que tomar cartas en el asunto y tu compañero no es responsable de tu orgasmo, la responsable eres tú misma". Obviamente es de suponerse que tienes un compañero cooperativo y no un macho egoísta; pero lo principal es que tú sepas cómo recibir placer. El secreto es que tú vayas descubriendo lo que realmente te excita y te lleva al orgasmo, lo que puedes realizar por medio de la masturbación. Recuerda que si no te conoces a ti misma no habrá nada que pedirle a tu pareja, y si tú no te puedes conducir al orgasmo, ¿cómo supones que él sí puede?

❖ Los grandes mitos sexuales (y cómo desmitificarlos)

El sexo en el cine y en las novelas románticas es plano, meloso y parece no tener contradicciones. Pero el sexo real es como la vida, lleno de sorpresas y con múltiples alternativas de realización; pero frecuentemente reducimos esas alternativas a las que se nos presentan en los mitos, llevando nuestra vida al plano de la fantasía y desaprovechando la riqueza de la realidad. A veces pruebas una nueva posición que es teóricamente muy sexy, pero a ti solamente te produce dolores en la espalda, o una lamentable caída de la cama.

Cuando suceden cosas como ésta, es muy reconfortante el saber que los terapeutas sexuales han descubierto que de diez encuentros sexuales con la misma persona, dos son fantásticos, dos serán catastróficos y los otros seis están un poco arriba o abajo del promedio.

La verdad es que muchas cosas comunes y tan reales como un codazo en las costillas que le das por accidente a tu compañero pueden ser parte de una vivencia de sexo real e incluso disfrutarse, transformándolas en algo placentero.

Ruidos extraños. Es posible que en tu mente el sexo suene como música de violines o como un corazón que palpita con fuerza, animado por la pasión; pero ya te habrás dado cuenta de que la realidad no concuerda con esas imágenes mentales que cultiva tu imaginación y que la actividad sexual en realidad está llena de ruidos que en condiciones normales se consideran desagradables o graciosos, en ciertas posiciones tu vagina emite un chirrido como de globo desinflándose que es como para morirse de risa y es lo menos romántico que puede uno escuchar en esta vida.

Esta clase de sonidos pueden ser embarazosos en las primeras relaciones con nuestro príncipe azul, pero con el tiempo se convertirán en una experiencia de intimidad que no tiene por qué sabotear el sexo y mucho menos lesionar los sentimientos, a no ser que tu compañero o tú no logren superar los estereotipos románticos del amor.

La verdad es que esa clase de ruidos extraños y grotescos son el mejor camino para romper el hielo y permiten que la pareja se relaje, pues ambos aceptan que son seres humanos normales y no tienen que jugar papeles de personajes ficticios. Con el tiempo esos ruidos se convierten en una especie de secretos comunes e incluso en disparadores de la excitación, porque se encuentran asociados al sexo.

Uso del condón: No hay manera de que tú realmente disfrutes el sexo si tienes miedo de quedar embarazada o de adquirir una enfermedad. Actualmente es un tópico común el "sexo seguro", a partir de la gran desgracia que significa el VIH; sin embargo, el sexo seguro es algo tan novedoso que no concuerda con los patrones clásicos de la seducción manejada por todos los medios de comunicación. Tal vez la reticencia mayor al uso del condón no provenga de la irresponsabilidad, como se maneja por ahí, sino principalmente de que "rompe el encanto", en un momento en que la seducción amorosa llega a su punto más alto; imaginemos que en una película el actor se coloca un condón y la escena se reproduce con todos los elementos de la vida real: está oscuro y el tipo obviamente está muy excitado; lo primero es encontrar el condón, lo que no es tan fácil si pensamos que la ropa del hombre ya se encuentra tirada por ahí y él estará un rato buscando en todas las bolsas; después habrá que abrir el empaque, lo que en estas condiciones es algo complicado, sobre todo si consideramos que la mujer se encuentra tendida en la cama y anhelante de un acercamiento apasionado, mientras el tipo manipula con manos temblorosas un paquetito que debe ser rasgado en cierto lugar y de una manera delicada, porque él no quiere romper el preciado condón, pues ya no serviría para nada.

Así que cuando el tipo quiere deslizarse el condón lo más probable es que ya haya perdido su erección, por lo que habrá que reiniciar las cosas para ponerse a tono. Estas son las cosas de la vida real, pero no tiene por qué tomarse como una desvalorización del sexo, sino más bien pensar que esto es precisamente el sexo para la gente normal y que hasta la colocación de un condón puede ser estimulante si se toma como parte del juego preparatorio.

Luz brillante. Otro de los mitos cinematográficos que influyen en nuestro erotismo es la idea de que los amantes tienen que verse con toda claridad, para disfrutar visualmente de sus cuerpos, por lo que ahora se tiende a encender la luz para hacer el amor, en vez de apagarse, como se hacía antes. Desde luego que tiene sentido el ver el cuerpo del compañero y mostrar el propio, pero eso no tiene que ser bajo una luz que revela hasta las más pequeñas arrugas e imperfecciones de la piel.

Hacer el amor en una suave penumbra no significa que los amantes sean tímidos o anticuados, sino que tienen buen gusto; así que la próxima vez apaga la luz eléctrica y enciente algunas velas, ese es el mejor ambiente para el amor.

Él es un simplón: Los actores de cine dicen cosas profundas o poéticas en los momentos de pasión, pero tu novio dice cosas de lo más simple y hasta vulgar. Todos hacemos y decimos cosas durante el sexo que en condiciones normales nos harían pasar como tontos. Pero la verdad es que eso es normal durante el sexo porque también sucede que se revela una frescura infantil que no es conveniente reprimir y sí disfrutar. La simpleza verbal y los sonidos raros son una expresión física y mental que significa que las cosas están marchando bien y por lo tanto, la líbido va por su camino natural.

Tú estás estresada. Si te sientes ansiosa o tensa, trata de experimentar algo nuevo. Muchas veces lo único que necesitas es aventurarte un poco hacia lo desconocido para lograr un nuevo entusiasmo. También es muy útil pedir a tu pareja que te dé un buen masaje antes del sexo, para que te relajes.

Estás enojada. Otra idea mítica muy socorrida es que el sexo es mejor cuando uno de los dos, o ambos, están enojados; como si todo se volviera más pasional o salvaje. También se dice que el sexo mismo disipa el coraje. Eso es totalmente falso; si estás enojada, lo que debes hacer es trabajar ese sentimiento y liberarte de él antes del sexo, tal vez hablándolo con tu compañero. El amor es más apasionado cuando la pareja se encuentra en condición de amistad, porque entonces ambos están dispuestos a dar lo mejor de sí mismos, a comunicarse, a reír y gozar juntos.

Tú has tenido un día difícil: Eso sucede, pero si él quiere hacer el amor de todas maneras, ¿qué razón tienes para negarte?

Tú crees ser una pésima amante: O al menos no tan buena como su anterior mujer. Olvídate de eso; mientras más pienses en ello y te obsesiones tendrás más problemas para mostrar tus virtudes. De cualquier manera, no hay una cuota mínima de orgasmos o algún criterio establecido para medir la capacidad amatoria de las mujeres. Las buenas o malas amantes también son un mito social.

Tú crees que hueles mal: Si tú no tienes una infección vaginal y te bañas con regularidad, puedes estar segura de que tu aroma es el de una mujer sexualmente atractiva. La reacción olfativa de un hombre ante tu olor no es aversiva, sino al contrario, en su instinto tu olor funciona como un disparador sexual y para él es más excitante que el mejor perfume francés.

Crees que no vas a llegar al orgasmo: Olvídalo. Mientras más te obsesiones menos lo lograrás. Piensa que no hay una medida orgásmica que te indique si eres buena o mala.

❖ Trivialidad, seriedad, picardía. ¿En qué piensas cuando haces el amor?

A todas nos ha pasado. Te encuentras en lo más apasionado de una relación y de pronto tu mente se pone a vagar por otros lados. Tu compañero parece perderse en la bruma mientras en tu mente aparecen imágenes que nada tienen que ver con el momento: ¿tienes calzones limpios para mañana? ¿hace cuánto tiempo que no sacas a pasear al perro? El hecho de evocar esa clase de trivialidades durante el sexo supuestamente tu momento más íntimo pude producirte una sensación de desconcierto y tal vez preocupación.

La verdad es que esta clase de distracciones no son necesariamente un problema; es posible que te encuentres cansada después de una semana de arduo trabajo, o tienes tantas cosas en la mente que te resulta difícil conectarte completamente. Pero, ¿qué pasa si eso te sucede con frecuencia? Si tú tienes esta clase de pensamientos distractores tres o cuatro veces en una sesión; entonces, según los expertos, tienes que reflexionar acerca de lo que está pasando en tu relación, preguntándote qué ocurre bajo la superficie. Por ejemplo: ¿Crees que estás fallando en alguno de los aspectos de tu relación afectiva que se traduzca en un rechazo sexual? ¿Él te está presionando mucho o te considera poco valiosa en algún sentido? Tal vez tú estés preocupada en tu relación de una manera general, tal vez sientes que existe una incompatibilidad esencial, o que él no te ama lo suficiente.

Si algo así está ocurriendo en el fondo de tu mente, es probable que se te haya generado un resentimiento en contra de tu compañero y tu inconsciente maneja como castigo la evasión sexual precisamente en los momentos en que se requiere la mayor entrega. Los sexólogos llaman a esta reacción "blindaje", porque es como si tú metieras tus sentimientos en un recipiente impenetrable, con objeto de protegerlos de aquél que pudiera usarlos para lastimarte; así que tú pudieras estar usando la distancia emocional como una "armadura". A veces también se llama a esto "posición de espectador", porque sientes como si vieras las cosas desde fuera y con otros ojos, siendo espectadora más que participante.

Cualquiera de estas actitudes hará que para ti sea muy difícil entregarte completamente en el sexo, y por supuesto, olvídate de tener un orgasmo; así que, gradualmente, uno de los aspectos más importantes de la relación con tu pareja se convertirá en un ritual vacío. Tú puedes resignarte a volverte cada vez más irritable y emocionalmente solitaria, o bien puedes decidirte a actuar; he aquí el cómo:

- Si constantemente aparecen pensamientos distractores durante el sexo, la pregunta crucial es: ¿Realmente quieres que esta relación continúe? Si la respuesta es afirmativa, entonces hay un problema que resolver. Si la respuesta es no, entonces la distracción es solamente un síntoma, no la causa de tu infelicidad.
- Lo primero es buscar fuera de la relación. ¿Existen presiones o alguna forma de insatisfacción en tu trabajo, con tu familia o en la vida social? ¿Se trata de cosas serias, o realmente no son de considerarse? Si no encuentras por otros lados elementos que pudieran estar causando tu perturbación, entonces tendrás que entrar en el análisis de lo que sientes por tu pareja. ¿Existe algo en su actitud o en la tuya que pudiera causar un sentimiento de rechazo? ¿Sientes que él no atiende tus necesidades? (no solamente las sexuales).
- Procura tener una larga plática con tu compañero. Encuentra un tiempo y un espacio tranquilo, donde ninguno de los dos tenga prisa o se encuentre bajo presión. Para reducir al mínimo las malas interpretaciones o la confrontación, usa la

técnica que recomiendan los terapeutas, que es el poner las cosas siempre en primera persona; así que no dirás "tú terminas muy rápido", sino "yo disfruto mucho cuando lo hacemos más tiempo".

- Debes ser bien clara respecto a qué es lo que esperas de él. Incluso el mejor de los hombres no es adivino y si tú no le dices lo que está pasando en tu mente, él no tiene por qué saberlo. Es muy importante que escuches su punto de vista y lo analices con cuidado; tal vez tú misma no has estado atendiendo a sus necesidades y el resentimiento se ha estado incubando principalmente en él, y lo que tú sientes es solamente un reflejo.

¿Cómo volver al entusiasmo de los viejos tiempos?

Si tú tienes pensamientos distractores durante el sexo, los terapeutas recomiendan estas técnicas mentales y físicas para recuperar la pasión original:

Concéntrate en lo positivo: Si tú ya te sientes como en "piloto automático" durante el sexo, lo que debes hacer es enfocar tu mente en el recuerdo de aquellas virtudes y cualidades de tu pareja que te atrajeron a él en los primeros tiempos y que colocabas en primer lugar. Haz que tu imaginación reviva con la mayor exactitud alguna de las muchas veces que ambos tuvieron un buen episodio sexual, o alguna otra actividad en la que se la hayan pasado muy bien; si recuerdas esas cosas, también encontrarás que las emociones más intensas y agradables aparecen asociadas a esas imágenes.

Las fantasías son bienvenidas: Si tú sientes que no te encuentras en el mejor momento para la recordación de hechos reales, deja que tu mente vuele por los terrenos de la fantasía (consulta el capítulo sexto).

Cambia los engranes de tu maquinaria sexual: El solo hecho de adoptar un papel más activo durante el sexo hará que tu mente se concentre. Prueba el hacer el amor con parte de la ropa puesta, o en lugares distintos. Reconsidera lo que te gusta que te hagan y platícalo con tu compañero, recibiendo con atención las sugerencias de él, tratando de aceitar los engranajes enmohecidos y agregar otros nuevos. Si ustedes acostumbran cerrar los ojos al hacer el amor, ahora ábranlos y mírense directamente a los ojos.

Reconoce tus sentimientos: Evita el tener sexo cuando te encuentras enojada. Si te das cuenta de que estás perdiendo interés a medio camino de la relación, pídele a tu pareja que suspendan un rato, tomen una taza de té o una ducha juntos, es muy importante romper una dinámica viciada, y sobre todo, eliminar presiones.

¿Se trata de tu propia actitud?: Si tú no estás satisfecha con tu cuerpo, o con tu técnica sexual, piensa qué puedes hacer al respecto. ¿Piensas que esa sensación

de ser poco atractiva es algo pasajero? ¿Estás dispuesta a cambiar esa actitud? Si tú no puedes modificar algo de tu persona que te molesta (piernas cortas, tal vez), lo que debes hacer es cambiar tu actitud hacia eso en especial, considerando que eres atractiva como una persona total, y no eres un conjunto de partes.

Capítulo 10

El Éxtasis y la Salud Sexual

- Cuando el sexo duele. Causas y remedios
- Efectos de los anticonceptivos en tu sexualidad
- Cómo usar el condón de manera segura y agradable
- El alcohol: ¿estimulante o inhibidor?

"Algunas veces he tenido sexo sin protección, pero la verdad es que no me siento a gusto. Todavía me pregunto si la vez que yo quedé preñada fue en una de esas ocasiones. Los hombres simplemente se desaparecen, pero una tiene que cargar con las consecuencias, es por eso que debemos ser más cuidadosas".

Iona

❖ Cuando el sexo duele

El dolor durante el sexo es siempre una señal de tu cuerpo que te quiere indicar que algo anda mal.

El perseverar en relaciones molestas o dolorosas, en las que tu cuerpo sufre, es como poner obstáculos para el desarrollo del sexo orgásmico. Las experiencias sexuales dolorosas son contrarias al gozo sexual y te pueden llevar al establecimiento de una pauta aversiva que marcará el futuro de tu desempeño sexual, creándote un estado de ansiedad de difícil tratamiento.

Los médicos llaman dispareunia al dolor que se produce durante el sexo, y ésta puede ir desde lo más leve hasta la gravedad. La dispareunia "superficial" se refiere a una sensación molesta que se siente en el exterior de la región genital, y la "profunda" es un dolor en el fondo de la vagina que se siente en la pelvis; he aquí algunas de las principales causas de ambos tipos de dolor:

❖ Dolor en la penetración

Normalmente se debe a la resequedad en la vagina, una infección local o reacciones alérgicas.

Primer problema: Vagina reseca

Esta es probablemente la causa más común de dolores durante el sexo. Si tú no estás lubricada profusamente, la acción del pene dentro de la vagina causa irritación e incluso pequeñas heridas; el efecto de una fricción "en seco" es abrasivo, lo que equivale a una quemadura, con las consecuentes excoriaciones en los delicados tejidos de las paredes vaginales, lo que puede dar lugar a un estado de constante irritación vaginal o cistitis, que es una irritación de la vejiga. Algunas de las causas de esta condición pudieran ser:

Causas

- Mucho tiempo y muy pronto

Una de las causas más comunes de esta situación es que tu compañero te penetra antes de que tu cuerpo esté listo. Cuando una mujer se encuentra totalmente "despierta" sexualmente, secreta un líquido viscoso que lubrica perfectamente las paredes de la vagina, y es hasta ese momento que puede recibir el pene del varón. Dentro de la vagina se encuentran dos pequeñas protuberancias que se llaman glándulas de Bartolin y que se activan durante el proceso de excitación sexual, secretando lentamente los fluidos en cantidad y calidad adecuados que se diseminan por la vagina por medio del calor y el movimiento. Si tú no te encuentras lo suficientemente excitada, la secreción será muy pobre y la diseminación también. ¿Qué tanto tiempo necesitas para estar "a tono"?, eso puede variar en función de muchos factores físicos y emocionales, dependiendo incluso del momento de tu ciclo menstrual.

- Estrés o preocupaciones

Los niveles hormonales en las diferentes fases de tu periodo influyen en tu lubricación vaginal, haciendo que en ciertos días tu vagina se encuentre más seca de lo normal, especialmente después de la ovulación; en estos días es conveniente usar un lubricante a base de agua para compensar los líquidos perdidos. Pero el estrés también puede afectar los niveles hormonales en tu cuerpo, lo que se traduce en resequedad; así también el nerviosismo de una primera vez es también una situación estresante y tener las mismas consecuencias, por lo que es común que una mujer no se sienta cómoda sino hasta después de algunos encuentros.

Tratamiento

Como regla general, podemos indicar que mientras más tiempo se dedique al juego previo será mejor. Aunque en muchas ocasiones pudieras no encontrarte en la mejor disposición psicológica o física para hacer el amor y el tiempo de preparación pareciera no tener efecto; en estas circunstancias tómate tu tiempo para relajar tus nervios; toma un baño caliente, un masaje o cualquier otra cosa con la que tú acostumbres "consentirte". Tal vez esto te suene muy trillado, pero no hay nada mejor.

- Anticonceptivos orales

Aunque los médicos no están de acuerdo, muchas mujeres juran que las pastillas anticonceptivas les causan resequedad. Ciertamente, estos medicamentos elevan los niveles de progesterona, por lo que es posible que influyan en el equilibrio hormonal.

Tratamiento

Hay más de treinta tipo de píldoras con diferentes fórmulas, por lo que cambiando marcas tal vez se solucione el problema; sin embargo no se deben cambiar con demasiada frecuencia, hay que usar una marca por lo menos tres meses para que tu cuerpo se adapte y entonces puedas evaluar los resultados.

Segundo problema: Vaginismo

Algunas mujeres tienen miedos profundamente arraigados en su mente subconsciente que se manifiestan como ansiedad ante la penetración masculina, de manera que los músculos en el fondo de la vagina se contraen al momento en que el hombre intenta la penetración. Esta condición se conoce como vaginismo, y hace que la penetración sea difícil, dolorosa, y en el caso de algunas mujeres, imposible. Los espasmos musculares son completamente involuntarios, por lo que las mujeres no se dan cuenta de lo que les pasa y se encuentran tan desconcertadas y frustradas como sus compañeros.

Tratamiento

Lo más adecuado es entrar en tratamiento psicológico, de preferencia con un especialista en problemas sexuales. Un tratamiento médico convencional puede ser penoso y hasta contraproducente.

Tercer problema: Irritación vaginal

Esto causa tanto ardor y picazón que te vuelves loca, además de que hace que el sexo sea doloroso. Existen varias causas de este padecimiento que es molesto, pero perfectamente curable.

Causas

- Infección

Una de las fuentes de infección más comunes es la *candida albicans*, una bacteria que se instala con mucha facilidad en tu vagina y vive feliz en ella, reproduciéndose constantemente, por lo que al llegar a un alto nivel poblacional comienzas a sentir primero una intensa sensación de calor interno y más tarde comezón y ardor, principalmente en la entrada de la vagina, además de una secreción blancuzca que parece queso cottage. Esta infección produce resequedad, por lo que sí tú tienes relaciones en estas circunstancias sentirás dolor y aumentarás la irritación posterior. Cuando la vagina no se encuentra adecuadamente lubricada, la penetración produce una irritación que favorece el cultivo de bacterias.

Tratamiento

Actualmente se encuentran muchos desinfectantes vaginales en el mercado que se venden sin receta médica; puedes usar esos productos, que normalmente se presentan en forma de crema, de manera regular después del baño y puedes seguir teniendo relaciones sexuales normalmente, utilizando la misma crema en el pene de tu compañero y dentro de tu vagina, lo que hará las veces de lubricante y te permitirá una saludable dispersión interna del medicamento.

- Tricomonas vaginalis

Se trata de pequeños parásitos que viven en la vagina y cuando encuentran las condiciones adecuadas se reproducen ampliamente, produciéndote una infección caracterizada por la irritación, comezón y secreciones de un color verdoso y con un olor a pescado verdaderamente desagradable. En los periodos de máxima intensidad, el sexo puede ser tan doloroso que tú no quieres ni pensar en ello, pues en este tipo de infección las paredes de la vagina se encuentran tan delicadas que la penetración puede producir pequeñas desgarraduras que agravarían tu estado.

Tratamiento

Este caso debe considerarse una verdadera enfermedad, por lo que requiere tratamiento médico; no se considera un problema grave y generalmente se prescriben antibióticos.

- Cistitis

Es una inflamación de la vejiga que causa un ardor muy molesto cuando orinas, pues el ácido úrico en las paredes inflamadas y sensibles de la uretra se siente como un líquido muy caliente. Es una enfermedad muy común, se dice que cuatro de cada cinco mujeres la padecen de vez en cuando.

Tratamiento

La cistitis puede ser causada por infección de las vías urinarias; aunque también por irritación de los tejidos de la vejiga a causa de una penetración demasiado entusiasta o que se produce cuando la vagina no se encuentra bien lubricada (a esto se le llama "cistitis de luna de miel"). El hacer el amor con la vejiga llena puede producirte este problema, puesto que la vejiga se encuentra inflamada y es mayor su contacto con las paredes de la vagina. Tan pronto como tengas los primeros síntomas de cistitis toma la mayor cantidad de agua que puedas, aunque también existen líquidos anticistitis que venden en la farmacia sin receta. Sin embargo, si los síntomas no desaparecen en dos días, debes consultar un médico, pues la infección puede llegar a tus riñones.

Cuarto problema: Reacciones alérgicas

Algunas cremas espermaticidas que se usan como anticonceptivos pueden causar alergias en algunas mujeres, lo que se percibe como picazón en el interior de la vagina. Algunas mujeres, y también hombres, son alérgicos a los espermaticidas que se incluyen en condones especiales. Otras mujeres son alérgicas a cualquier producto perfumado que toca su vagina, incluyendo sales de baño, ciertos jabones o cremas.

Tratamiento

Si tú sospechas que los espermaticidas pueden ser la causa, prueba una marca diferente o cambia de método anticonceptivo. Si no es esta la causa, prueba un jabón neutro, evitando los lavados internos, incluyendo las duchas vaginales; tu cuerpo secreta de manera natural todos los fluidos necesarios para mantenerte saludable y limpia por dentro, los lavados rompen ese balance y favorecen la resequedad y las infecciones.

❖ Fuertes dolores internos

Algunas veces, la penetración puede causar dolor en lo más profundo de tu vagina; esto puede deberse a una malformación de los músculos internos o una infección en tus órganos reproductivos, lo que ya significa un problema serio, que sin embargo puede ser superado por medio de un buen tratamiento.

Primer problema: Tu propia constitución

Un fuerte dolor interior no siempre es síntoma de serios problemas. Cuando los óvulos son liberados, los ovarios de algunas mujeres son muy sensitivos y la penetración profunda puede presionarlos, con lo que la mujer sentirá una punzada de fuerte dolor en su vientre. Otras mujeres tienen una especial conformación del cérvix que hace que en ciertas posiciones el sexo sea doloroso. Si tu caso entra en estas descripciones lo que tienes que hacer es evitar ciertas prácticas o manejarte de otra manera ciertos días del mes; pero si tu caso es diferente o las molestias persisten debes consultar a un médico.

Segundo problema: Quistes

Es común que se desarrollen quistes en los ovarios, la inmensa mayoría de las veces se trata de pequeños tumores benignos que no causan problemas. Muchos quistes están llenos de fluido y son ésos los que pueden causar dolor durante la relación, vientre inflamado o menstruación dolorosa.

Tratamiento

Muchas veces los quistes desaparecen antes de que te des cuenta de su existencia; pero hay otros que crecen tanto que llegan a presionar los órganos a su derredor, y en ese caso deben ser tratados con cirugía o terapia hormonal.

Tercer problema: Inflamación de la pelvis

Este es un padecimiento serio, tanto que de no ser tratado, tus órganos reproductivos pueden ser afectados y quedarás estéril, desgraciadamente se trata de una enfermedad común, en Inglaterra se tratan aproximadamente cien mil casos cada año, en los que se encuentran afectados los ovarios (ovaritis), las trompas de Falopio (salpingitis), y el útero o matriz. Las causas son múltiples, pero en un gran porcentaje de casos es producto de infecciones transmitidas por la vía sexual que no han sido tratadas.

Tratamiento

Se trata de una enfermedad perfectamente curable, pero un descubrimiento temprano es muy favorable, pues en esas condiciones puede ser tratada con antibióticos, descanso y nada de sexo; en casos extremos será necesaria la cirugía.

No quisiéramos parecer alarmistas, pero debemos decir que para cualquier mujer es conveniente hacerse un "chequeo" cada vez que cambie de compañero, pues muchas enfermedades que se transmiten por la vía sexual pueden ser completamente asintomáticas, un hombre infectado puede sentirse y parecer tan sano como cualquiera y no tener la menor idea de que es transmisor de alguna enfermedad.

Cuarto problema: Endometriosis

Cada mes, las células que constituyen los conductos de la matriz (endometrio), son desechadas y pasan a la sangre, para ser expulsadas en la menstruación en caso de no haber fertilización. La llamada endometriosis ocurre cuando este bagaje de células muertas no se expulsan adecuadamente y porciones de ellas se concentran en alguna parte dentro del cuerpo, formando grumos que normalmente se concentran en el área pélvica, en los ovarios y el útero, aunque pueden correr por todo el cuerpo, habiéndose encontrado hasta en los ductos nasales. Algunas veces se aglutinan en gran cantidad entre órganos, produciendo un efecto de adhesión o "pegadura" entre los órganos; en este estado tú puedes sentir fuertes dolores durante la relación sexual, especialmente antes o después de la menstruación. También se manifiesta como un dolor en la parte baja de la espalda, por lo que muchas mujeres sienten que la única posición confortable es yacer sobre su espalda con las piernas levantadas.

Tratamiento

Depende de cuántas formaciones endométricas se tengan; estas formaciones o "parches" endométricos a veces responden a medicamentos y otras veces hay que removerlos con cirugía. La verdad es que no se sabe qué es lo que causa la endometriosis, pero su tendencia es recurrente y existen medicamentos que permiten al menos paliar los síntomas.

Quinto problema: Embarazo ectópico

En casos raros, se producen embarazos que llaman *ectópicos,* porque se producen fuera de su lugar normal, en estos casos el huevo se aloja y crece en la trompa de Falopio en vez de en la matriz, y uno de sus síntomas es el dolor durante el sexo. Ocasionalmente las mujeres sienten una especial flexibilidad en el vientre, suspensión de su período o presentación anormal del mismo. Muchas mujeres presentan los síntomas normales del embarazo común, con crecimiento de los senos y náuseas.

Tratamiento

Debe considerarse una emergencia; si no es tratado a tiempo, la trompa de Falopio puede romperse y causar una fuerte hemorragia interna de consecuencias fatales. En todos los casos es necesaria la cirugía para remover el embrión.

Sexto problema: Útero retrovertido

Normalmente el útero se encuentra un poco ladeado hacia adelante y descansa sobre la vejiga; pero en un 12 por ciento de las mujeres se vierte hacia atrás, por lo que se llama retrovertido. Normalmente ese no es un problema y la mujer es fértil como cualquier otra, sin embargo, en estos casos es más probable que las mujeres sientan dolores durante el sexo.

Tratamiento

Prueba diferentes posiciones. Si el problema continúa, se puede corregir con una pequeña operación quirúrgica.

❖ ¿Cómo afectan los anticonceptivos?

La elección de un método anticonceptivo juega un papel muy importante en tu vida sexual. La constante preocupación de quedar embarazada o adquirir una enfermedad son grandes enemigos del orgasmo. Para lograr tu máximo placer, asegúrate de que tu método anticonceptivo no te dé problemas en tu estilo de vida, y también en tu desempeño sexual. Aquí hay algo en qué pensar.

La píldora anticonceptiva

La píldora es la opción más popular en mujeres menores de treinta años. Este método te da una gran libertad en relaciones de largo plazo y si tú recuerdas el tomarlas diariamente el riesgo es prácticamente nulo.

La fórmula normal de las píldoras es una combinación de estrógenos y progesterona, lo que previene la ovulación y adelgaza la mucosa en la entrada del cérvix, lo que dificulta grandemente la introducción de los espermatozoides. En el caso de otras píldoras, éstas contienen solamente progesterona, lo que únicamente causa el adelgazamiento de la mucosa. La píldora debe ser tomada con toda regularidad, todos los días y a la misma hora, pues de lo contrario pierde su efectividad. Algunos efectos secundarios pueden ser el aumento de la flexibilidad en los senos, migrañas o depresión.

- Efectos en el estilo sexual

La píldora es muy buena cuando se tienen relaciones estables y seguras, pero no ofrece protección alguna contra la transmisión del VIH u otras enfermedades. Por lo que en caso de tener relaciones ocasionales, se deberá usar el condón como método complementario.

- Potencial orgásmico

El potencial es alto si tú tienes una relación permanente y no sufres los efectos colaterales; pero tu capacidad de sentir orgasmos sí puede bajar en caso de que sufras los efectos secundarios con intensidad, tales como caída de senos o aumento de peso.

Método del ritmo

Se trata de evitar el sexo en los días en que estás ovulando y por tanto eres fértil. Puede reducir tu potencial orgásmico.

- Efectos en el estilo sexual

Pudiera no afectarse demasiado en caso de que la pareja se encuentre estable, tenga una buena relación y mucha fuerza de voluntad, pero definitivamente es un método inadecuado si se tienen relaciones ocasionales.

- Potencial orgásmico

Es bueno porque se trata de un método natural, aunque tiene el gran inconveniente de que se desperdician precisamente los días en los que la pareja se encuentra más excitable.

Dispositivo intrauterino

Es un adminículo en forma de espiral que se inserta en el útero y evita que se implanten los huevos fertilizados. Permanece en su sitio por unos tres años. Los sistemas tradicionales pueden causar muchas molestias, dado que se trata de un cuerpo extraño, sobre todo en los días de la menstruación. Pero se han desarrollado nuevos sistemas con un aparato más pequeño, que sin embargo resulta más eficaz, pues él mismo libera pequeñas cantidades de progesterona, con lo que se tiene una doble función anticonceptiva.

En cuanto a los posibles efectos en la vida sexual, son los mismos que se han descrito para la píldora anticonceptiva.

El potencial orgásmico es alto si no se tienen los problemas señalados arriba; pero puede ser muy bajo si tú sufres calambres o menstruación dolorosa por efecto del dispositivo.

Disfragma o capucha

Ambos son hechos de látex y obstruyen el cérvix. Son más efectivos cuando se usan con espermaticidas; pero éstos pueden causar reacciones alérgicas, irritación o inflamación en la vagina. A pesar de que el diafragma puede insertarse mucho tiempo antes del sexo, algunas mujeres sienten que puede romper el encanto del sexo espontáneo; y otras sienten que les produce cistitis.

Puede ser útil para hacer el amor durante tu periodo, pues la obstrucción también detiene el flujo de sangre.

En cuanto a tu potencialidad orgásmica, puede ser completamente normal si tú no tienes molestias o no generas una aversión en contra de ese objeto extraño; también puede bajar si el uso del diafragma te induce a infecciones.

Condón

Es tal vez el mejor método anticonceptivo, cuando se usa correctamente e incluye espermaticidas tiene un 98 por ciento de efectividad, además de que te protege contra el virus del VIH u otras infecciones. Algunas contraindicaciones incluyen reacciones alérgicas en mujeres sensibles a los espermaticidas o al látex, lo que les puede causar irritaciones locales; en estos casos puede ser usado el condón femenino, que está hecho de poliuretano; aunque también existen condones masculinos de ese material. Cuando se usa el condón es conveniente aplicar lubricación extra, pero siempre elige un lubricante a base de agua, pues los de base de aceite (como la vaselina), rápidamente atacan el látex del condón, por lo que éste no sirve de nada.

Desde luego, el condón es el mejor anticonceptivo para relaciones ocasionales y teóricamente no afecta tu disposición a tener orgasmos, mientras no tengas prejuicios al respecto o se pierda la secuencia de la excitación, como hemos visto anteriormente.

Implantes anticonceptivos

Se trata de la inserción bajo la piel (generalmente en un brazo) de cinco pequeños tubos que liberan pequeñas dosis de hormona progesterona y duran cinco años. Las contraindicaciones incluyen posibles dolores de cabeza e incluso disminución del deseo sexual; pero si esos problemas se presentan, los rodillos pueden ser removidos y tú regresas a tu estado normal en un mes.

Los efectos en tu estilo sexual son los mismos que con las píldoras, con la ventaja de que tú no te tienes que preocupar por tomar nada durante cinco años.

En cuanto a tu capacidad orgásmica, ésta permanece normal si tienes una relación permanente y no se presentan efectos colaterales, pero puede bajar considerablemente si las hormonas te producen una baja de la líbido.

Coito interrumpido

El método consiste simplemente en que tu compañero se retira un momento antes de eyacular, por lo que el semen se vierte en el exterior. Tiene cierta eficacia, pero es altamente falible porque algunas cantidades de semen se han vertido antes de la eyaculación, por lo que en realidad queda mucho a la suerte y eso puede generarte una gran ansiedad.

Tu vida sexual no se altera si tú tienes una confianza total en tu pareja y estás dispuesta a quedar embarazada en caso de que el sistema falle.

Tu capacidad orgásmica no se ve afectada siempre y cuando tú llegues al orgasmo antes que tu compañero, de otra manera el asunto de la retirada en cualquier momento te mantendrá en una especie de carrera de velocidad muy inquietante.

❖ Cómo usar el condón

El uso del condón requiere una cierta habilidad, paciencia y buena disposición de los amantes; no tienen por qué presentarse problemas y sorpresas si se hacen bien las cosas. Sigan las siguientes indicaciones y todo saldrá bien:

- Usar un condón nuevo cada vez que se haga el amor.
- Rasgar o abrir el empaque con mucho cuidado, para no perforar el condón.
- Esperar hasta que el pene se encuentre lo suficientemente rígido; poner un condón en un pene flácido es como intentar regresar la pasta de dientes a su tubo.

- No desenrollar el condón antes de ponérselo, pues volverlo a enrollar es muy difícil.
- Póngase el condón en la cabeza del pene y deslícelo hacia abajo, desenrollándolo con suavidad hasta cubrir completamente el pene.
- Asegúrense de que el condón ha llegado hasta la base del pene; esto es muy importante, pues si ha quedado un poco arriba, con los movimientos y la fricción se volverá a enrollar sobre sí mismo y ocasionalmente se saldrá, quedando dentro de la vagina.
- Hay que utilizar con generosidad un buen lubricante a base de agua, tanto para reducir las molestias de la fricción del látex sobre las paredes de la vagina como para evitar que el condón se salga o se rompa. Incluso se puede agregar lubricante durante la relación, en caso de que se sienta sequedad.
- Nunca usar lubricantes a base de grasas, vaselina o aceite para bebés, estos productos atacan químicamente al látex y lo perforan en segundos.
- Un poco después de la eyaculación, y antes de que su pene se vuelva demasiado suave, presiona la base del pene y tira del condón hacia arriba mientras se mantiene la presión en el trayecto, de manera que se recoja la mayor cantidad de semen.
- Envuelve el condón en un pañuelo desechable y ponlo en el bote de basura (muchos se resisten a irse con el flujo de la taza de baño).

❖ El alcohol y el despertar sexual

Algunas mujeres se sienten muy atrevidas y excitadas después de una o dos copas, mientras que otras pierden sensibilidad y se dificulta su orgasmo, ¿por qué el alcohol causa reacciones tan diferentes?

Ni siquiera los expertos podrían responder a esa pregunta.

En una encuesta se encontró que el 60 por ciento de las mujeres dicen que con el alcohol se sienten menos inhibidas, mientras que el 45 por ciento dice que con el alcohol el sexo se vuelve menos placentero. Lo más probable es que esas reacciones provengan de nuestra imaginación.

En un experimento con mujeres voluntarias, se les pidió que vieran una película pornográfica y la mayoría de ellas dijeron que no se habían excitado mucho y que se sentían más "calientes" después de unos tragos que también fueron parte del experimento. En realidad, los resultados objetivos contradijeron a las declarantes, pues al analizar sus secreciones vaginales en uno y otro evento, se descubrió que en todos los casos los niveles aumentaron mucho más después del film que después de los tragos.

Lo anterior puede explicar por qué las mujeres que se toman más de un "vodka tonic" antes de hacer el amor tardan más en lograr el orgasmo o no lo consiguen; muchas veces nuestra mente tiene criterios distintos de los del cuerpo.

Por otro lado, la misma investigación descubrió que con el alcohol se tarda más en llegar al orgasmo, pero es más intenso que en condiciones normales y se disfruta más; esto puede ser porque el alcohol diluye los prejuicios y atavismos.

Otros estudiosos creen que la respuesta debe buscarse en el equilibrio hormonal, indicando que una pequeña cantidad de alcohol libera una cantidad de hormona masculina (testosterona), lo que produce un incremento del deseo sexual. El efecto es mayor en mujeres que usan píldoras anticonceptivas, puesto que ellas bajan el nivel de testosterona, y también se incrementa en mujeres que no usan la píldora, pero que están ovulando.

Finalmente, todo está en el trabajo mental, si tú crees que eres sexy, entonces lo eres; y si después de un vaso de vino nos damos licencia de ser liberales y sexualmente agresivas, pues entonces lo somos y no hay problema; eso tiene poco que ver con el alcohol y mucho con nuestra actitud.

Capítulo 11

Ahora Todo está en Tus Manos

Dejaré que las palabras finales de este libro sean dichas por dos mujeres que de manera franca y generosa han compartido sus experiencias sexuales con las lectoras de este libro.

Ellas han logrado una vida sexual plena y saludable, por lo que no hay mejor final que sus testimonios, pues eso puede reforzar la decisión de las mujeres para usar este libro como el inicio de una vida sexual que las acerque a la felicidad.

"Al principio yo siento como si volaran mariposas dentro de mi pelvis y vagina; mi cuerpo se encuentra rígido y mi respiración agitada. Entonces yo me quedo muy quieta para recibir las sensaciones. Mi clítoris está duro y siento mi vagina y los músculos del interior como cerrados. Mi cuerpo se encuentra tenso y estoy segura de que voy a tener un orgasmo tan pronto como sienta una punzada profunda y casi insoportable. El orgasmo en realidad es algo violento, pero se siente como una especie de liberación, yo no encuentro otra imagen sino como cuando se abre una compuerta y el agua se vuelca hacia fuera. Después yo siento unas seis o siete contracciones vaginales con lo que siento que algo se estira en mi vagina. El exterior de mi vagina y mi clítoris pulsan con cada contracción. En el momento del clímax se me detiene la respiración y siento como que mi cuerpo va a explotar por la presión. Después la palpitación de mi corazón es muy evidente y siento un hormigueo alrededor de mi cuello y en el pecho".

Joannaw

"Yo siento el orgasmo de una manera física y mental al mismo tiempo. Mentalmente me siento en el cielo, y la sensación física es lo más placentero que se puede sentir en este mundo. Después me siento cálida y muy feliz, sensual y completa".

Suzie

TÍTULOS DE ESTA COLECCIÓN

Amor, sexo y fantasía. *Aline Carra*

Ananga ranga. Ilustrado. *K. Malla*

El arte sensual de amar. *Dr. Andrew Stanway*

El galle sutra. *Edward Jaye*

El jardín perfumado. Ilustrado a color. *Bret Norton*

El jardín perfumado. Ilustrado. *J. Nefzawi*

El loto dorado. *Bret Norton*

El punto G. La conquista del placer. *Dra. Elena Bateman*

Él sexual / Ella sexual. *Dra. Ana María Ocaña*

Erótica de oriente. *Bret Norton*

Kama sutra. Ilustrado a color. *Bret Norton*

Kama sutra. Ilustrado. *M. Vatsyáyána*

Kama sutra al natural. *Michelle Pauli*

Sexo tántrico. *Emil Rachuean*

Sextrología. *Edward B. Gould*

Shiatsu para amantes. *Nathan B. Strauss*

Shunga. Ilustrado a color. *Bret Norton*

Todo sobre el orgasmo. *Tara Barker*

Impreso en los talleres de
Trabajos Manuales Escolares,
Oriente 142 No. 216
Col. Moctezuma 2a. Secc.
Tels. 5 784.18.11 y 5 784.11.44
México, D.F.